中国证券分析师丛书

吴劲草
讲消费行业

发现生活中的长线大牛股

吴劲草 著

机械工业出版社
China Machine Press

图书在版编目（CIP）数据

吴劲草讲消费行业:发现生活中的长线大牛股/吴劲草著.--北京:机械工业出版社,2022.7（2022.9重印）

（中国证券分析师丛书）

ISBN 978-7-111-71184-1

I. ①吴… II. ①吴… III. ①股票投资–研究–中国 IV. ①F832.51

中国版本图书馆CIP数据核字（2022）第123631号

消费品是距离大众感知最近的投资领域，也一直是牛股倍出的好赛道。本书作者总结多年消费品投资心得，提出了消费品投资的心法和剑招。在心法上，要关注三类公司：行业规模和渗透率提升的、市占率提升的、价格带提升的。在剑招上，可以把消费品公司分为品牌、渠道、供应链三类，分别分析增长背后的驱动力。此外，本书还探讨了品牌力、渠道变革和消费品的新机会，在复盘历史之余不忘立足当下，甚至还从分析师角度进行了实战讲解。既有宏观视角，又有微观实践，本书非常值得消费品投资者借鉴。

吴劲草讲消费行业：发现生活中的长线大牛股

出版发行：机械工业出版社（北京市西城区百万庄大街22号　邮政编码：100037）

责任编辑：杨熙越　　　　　　　　　　　　责任校对：马荣敏

印　　刷：涿州市京南印刷厂　　　　　　　版　　次：2022年9月第1版第2次印刷

开　　本：170mm×230mm　1/16　　　　　印　　张：15.75

书　　号：ISBN 978-7-111-71184-1　　　　定　　价：88.00元

客服电话：(010) 88361066　68326294

版权所有·侵权必究
封底无防伪标均为盗版

| 推荐序 |

消费是所有行业的终端应用场景。在美欧日等发达国家和地区的资本市场上，涌现了一批穿越牛熊、历经数十年乃至上百年、为投资者创造了数十倍乃至上百倍收益的优秀消费品公司。

我国有14亿人口（2021年末），这是一个巨大的消费市场，具有把消费行业做好做大的肥沃土壤。东吴证券起步于长三角，就在我们的根据地周边，我们见证了一大批优秀消费品公司的崛起。我们相信，未来消费行业仍然大有可为，而中国品牌的崛起将成为主旋律之一。

把消费行业研究透，对于资本市场和商业分析都有重要意义。站在证券公司的角度，开展投资业务、投行业务都需要对上市公司有深入、具有穿透力的理解，才能更好地为投资机构和上市公司提供专业服务。从消费行业上市公司的角度来说，对消费行业形成整体和有脉络的前瞻性理解，才能更好地布局未来，迎接时代变革；上市公司也要积极寻求与资本市场的合作，从扩张计划、人员激励、行业格局判断等顶层设计的高度谋求与资本市场的结合。

目前，系统性讲解和分析消费行业研究方法的著作还比较稀缺。分析消费行业是一个看似简单、实则不易的工作，整个行业与日常生活融合度很高，反而容易使我们忽视对行业底层逻辑的分析，无法站在更高的位置上研究和理解，出现"以自身的主观感受判断整个市场"的错误。而本书较为完整的框架从一定程度上填补了这部分领域研究的空缺，也为读者提供了一些消费行业研究的底层思路。

吴劲草是一位很有特色的分析师，常常有一些很有意思的思考角度，此前也有多篇研究报告"出圈"，形成了广泛的影响力，这也说明他的研究成果具有一定创造力、穿透力和吸引力。本书从一名专业分析师的角度，从宏观视角到微观视角，从实业视角到资本视角，从原理到案例，构建了完整的消费行业分析框架，相信能够给予消费行业的投资者、创业者、从业者不一样的启发。

范力

东吴证券股份有限公司董事长

| 自　序 |

本书是我若干年消费行业研究经验的一个阶段性的论著，也是我这么多年来一直想完成的一部作品。

消费行业是一个看起来好像很好理解、大家都能理解的行业，因为衣食住行人们在生活中都会接触。但消费行业的深入研究其实比一般的行业研究要难很多。比如我们知道一瓶白酒卖多少钱，但它为什么能卖这个价格？茅台酒和茅台镇的酒到底有什么区别，为什么价格能差这么多？拼多多的东西为什么这么便宜，别的渠道做不到吗？为什么"中国的优衣库"一直没有走得很远？农夫山泉和乐百氏到底差在哪里？海底捞到底有什么核心竞争力？

对这些问题，如果没有深入研究，就很难回答。核心的原因在于，大部分人对消费行业都是"感知"大于"思考"，这导致两个问题。一个问题是"主观偏见"，即"用我的主观感受来代替实际的市场"。很多人在判断一家消费品公司好不好的时候，采取的方式是"我觉得它的产品怎么样""这个不是我常用的产品，我觉得不行"。这种主观感受判断的偏差非常大，如果带着这样的偏见，就会错过拼多多、珀莱雅这样的优秀公司。另一个问题是"灯下黑"：在习以为常的一些现象里面，蕴含着巨大的投资机会，但因为太过习以为常，错过了投资的机会。比如很多人在 20 世纪 90 年代就知道茅台酒好，很多人在 2005 年就用 QQ 了，但在漫长的时间中，错过了投资的机会。

  本书从消费行业的根源、本源来搭建消费行业的研究框架。品牌是什么，渠道是什么，产品是什么，从这些最基础的问题开始，到对具体案例的讨论，提出了"品牌计分板""品牌力就是消费者愿意为品牌付出溢价的程度"这样鲜明且独特的观点，这些观点和分析也是我多年消费行业一线研究经验的精炼。"品牌究竟是什么"是一个需要长期研究的问题，也是我常年深入研究的问题。

  本书适用于消费行业投资者、创业者、经营管理者、从业者等，也适用于普通人，因为我们每个人都会接触消费品和消费品投资，都有可能找到适合自己的消费理念，并抓住身边的投资机会。

  谨此作序。

吴劲草
2022 年 4 月

| 目 录 |

推荐序
自序

引言　消费品投资：重剑无锋，大巧不工 / 1

第 1 章　为何选择消费品投资 / 14

　　1.1　消费行业的特点 / 15
　　1.2　消费研究，始于日常 / 20
　　1.3　中美消费行业复盘对比 / 22
　　1.4　欧美消费股群雄志 / 31
　　1.5　结语 / 37

第 2 章　消费品投资心法 / 39

　　2.1　消费品品牌增长逻辑之一：
　　　　行业规模、渗透率提升 / 41
　　2.2　消费品品牌增长逻辑之二：市占率提升 / 44
　　2.3　消费品品牌增长逻辑之三：价格带提升 / 47
　　2.4　结语 / 51

第3章　消费品投资剑招 / 52

3.1　如何发现好赛道 / 52

3.2　消费品公司分类体系：品牌、渠道、供应链 / 60

3.3　读懂数字，看清公司 / 71

3.4　探寻消费牛股的上涨驱动力 / 85

3.5　结语 / 89

第4章　品牌　消费行业的皇冠明珠 / 90

4.1　品牌是一种什么样的资产 / 90

4.2　我们为何会为品牌溢价买单 / 97

4.3　品牌化或是未来中国消费品投资最重要的机会之一 / 100

4.4　结语 / 105

第5章　渠道　互联网和电商是中国消费行业的核心变量 / 107

5.1　中国零售渠道概览 / 107

5.2　中国电商，世界第一 / 114

5.3　阿里巴巴、京东、拼多多：卖货还是卖流量 / 117

5.4　淘宝、天猫、拼多多的利润实质是广告收入 / 123

5.5　结语 / 129

第6章　供应链　中国消费的底气 / 130

6.1　数解中国供应链 / 130

6.2　亲临中国制造一线：南通家纺调研实录 / 136

6.3　如何兑现中国消费品供应链的真正价值 / 141

6.4　结语 / 148

第 7 章 什么是品牌力 / 149

- 7.1 定价能力是衡量品牌力的重要标准 / 149
- 7.2 品牌分级体系：从 1.0 到 4.0，提价能力逐级增强 / 152
- 7.3 案例一：直播电商带来了什么 / 163
- 7.4 案例二：为何拼多多难跑出新品牌 / 179
- 7.5 案例三：波司登的品牌升级之路 / 193
- 7.6 结语 / 197

第 8 章 渠道变革的真相 / 198

- 8.1 为什么中国没有本土大型连锁便利店 / 199
- 8.2 为什么"美国的淘宝"eBay 争不过亚马逊 / 205
- 8.3 再论马太效应：社交电商、熟人经济、推荐算法使电商马太效应降低了吗 / 208
- 8.4 结语 / 209

第 9 章 未来消费品新机会 / 211

- 9.1 新消费主张带来新品牌崛起 / 211
- 9.2 关注新消费习惯带来的需求增长 / 215
- 9.3 新技术的突破 / 219

第 10 章 典型消费品企业财报分析 / 221

- 10.1 贵州茅台财报分析 / 221
- 10.2 京东集团财报分析 / 229
- 10.3 申洲国际财报分析 / 236
- 10.4 结语 / 241

| 引言 |

消费品投资：重剑无锋，大巧不工

作为开篇，引言将起到提纲挈领的作用，串联起后面的章节。引言的写作对于笔者来说，是一个排兵布阵的过程，要考虑后面的章节到底该以怎样的逻辑链展开。

笔者读本科的时候是学工科的，工科的学习会形成很多框架性的思维模式，比如《离散数学》的内容从集合论到定义关系运算，到代数系统，到群论，都从最基础的定义开始。在定义"1+1=2"的时候，"1"是怎么定义的，"+"是怎么定义的，都要从头开始定义。然后衍生出数据结构与算法，衍生出各种工具、排序机制、搜索机制、平衡二叉树机制，它们都是基于基础内容得到的，这些算法机制结合硬件的响应，构筑出了人们现代生活的科技基础。

举这个例子，想说的是，笔者作为一个从业数年的消费行业分析师，见过非常多研究消费行业的分析师和投资经理。大部分人研究消费行业，直接从具体的某家公司就开始了：这家公司增长怎样，有几个产品和业务，哪块业务空间大，最近有什么催化，最新的数据是怎样的……诸如此类的很具象化的事情。很多人一入行，就从非常具体的事情入手，但在研究消费行业这个事情上，缺乏一个契机来深入思考"消费行业究竟是个什么样的行业""品牌究竟是什么""品牌力究竟是什么""渠道的核心究竟是什么"这一类偏基础和本质的问题。

笔者希望能像前文说的《离散数学》一样，从对基础概念的定义开始，勾勒出消费行业投资的全貌。从"道"层面的"品牌究竟是什么""品牌力究竟是什么""消费行业究竟是个什么样的行业"这样的问题，到"术"层面的"我该如何选择消费品公司进行投资""选择消费品公司有哪几种思路""如何判断一家消费品公司的经营情况""哪些财务指标是需要关注的"，让我们在消费品投资上，能够知其然并知其所以然，在这个基础上，找到适合自己的消费品投资心法和具体的分析方法。

消费品投资 | 重剑无锋，大巧不工：当我们在做消费品投资的时候，我们在期待什么

在本书第 1 章，我们主要讨论"为什么要投资消费行业"，更深层次的是"当我们在做消费品投资的时候，我们在期待什么"。消费行业是一个坡长雪厚的行业，可以说既简单又复杂，而消费行业的投资又非常重要，堪称"重剑无锋，大巧不工"。

一般来说，投资中的行业研究会分成消费、医药、科技、周期、制造、总量几个大类。这几个大类的投资思路是不一样的，比如周期行业注重大宗商品供需关系下的价格变动，以带来大幅的盈利改善，威力巨大却风险环生；再如科技行业，一将功成万骨枯，亦真亦假，亦虚亦实，科技的变革驱动往往来自未知的领域，一旦抓住"真命天子"，就可能迎

来百倍千倍的收益，但更多时候，会在历史洪流中消散，虚实相生又充满刺激。

消费行业离普通投资者最近，每个人都会接触到，似乎每个人都能讲一两句关于消费行业的观点和判断。但消费行业其实是难懂的，常言道"灯下黑"，每天接触的东西反而会更难以理解，比如经常喝酒的人会知道茅台很贵，但至于茅台为什么很贵，还有什么其他酒有投资成长的机会，类似于这样的问题，在生活中人们却难以意识到。很多人从2005年开始注册QQ号，从2010年开始玩英雄联盟（LOL），2012年周围的人都开始用微信，这都是投资腾讯的极好时机，但在很多人的潜意识里，并没有进一步和投资结合起来，这也是消费行业常见的一种"灯下黑"。要真正将消费行业研究透彻，需要更为深入和系统的研究。消费行业的另一种"灯下黑"，来自以自己的生活经验判断整个行业，比如一众投资人无法理解拼多多的成功，也对爱马仕的成功没有足够的理解。消费始终是分级的，各种细分市场都可能出现牛股，而很可能某个细分市场你并不熟悉，那就需要摒除偏见，深入研究。

总体来说，消费行业是一个韧性极强的行业，具有穿越牛熊的长期能力。作为成熟市场的美股，其消费股中涌现出一批穿越牛熊的优秀消费品公司，甚至是穿越百年周期的公司，比如宝洁、可口可乐等，都是有百年历史的消费品公司，穿越了很多轮牛熊。不论是消费品的品牌，还是供应链和渠道，都产生了很多牛股。

消费品公司在大部分情况下，并不是"从无到有"，而是"从有到强"，在已经体现出很强的能力的基础上，依然可以继续强化自身，在已经发展多年的基础上，依然可以继续进化。这种确定性给了很多投资机构重仓的可能性，让很多投资机构在已经确定公司多项能力的基础上，能够重仓投资并享受长期的收益。仓位才是决定投资结果的根本，10 000元的投资上涨20%有2000元的盈利,而1000元的投资上涨100%也仅盈利1000元。在能够驱使人重仓投资的因素中,确定性和稳定性是最重要的两个因素,也是消费股的优势之一。

消费品是所有产业的终端。很多公司在初期以科技公司等形象示人,但真正在万花丛中脱颖而出以后,变成了一家消费品公司。比如苹果公司就是典型,早年是科技设备公司,但随着时光的流逝,变成了一家消费品公司。它从创立到市值3000亿美元,可能是以一个科技公司的形象示人,但从3000亿美元上涨到30 000亿美元,却是一个消费品公司的形态(见图0-1)。实际上,苹果公司为广大投资者创造大量盈利的时候,是它作为一家消费品公司的时候。

图0-1 苹果作为科技公司和消费品公司

资料来源:Wind。

巴菲特曾说过他不擅长投资科技股,所以错过了苹果公司从创立到3000亿美元的过程,但后面他投资了苹果,因为那时苹果作为一家消费品公司他已经看得比较清楚了,也给予了重仓的空间,使得他没有错过苹果从3000亿美元到30 000亿美元的过程。因为这部分仓位很重,其实际盈利可能远超之前上涨的部分。这也是消费品公司的魅力,谋定而后动,在能够看得比较清楚以后再投资，这样可以买到量，并实现大量的盈利。

这也是我们在投资消费品的时候所期待的：见微知著的投资机会发掘，长期的守候享受企业成长和经济成长，确定性和稳定性以重仓获得大量利润。

消费品投资心法 | 行业规模和渗透率、市占率以及价格带

在本书第 2 章，我们希望找到一个投资范式，为消费品投资找到一套万变不离其宗的"心法"，即"我们要找什么样的消费品公司去投资"。

虽然消费品公司种类繁多，从衣食住行，到文娱旅教，再到嗜好品、日用品等，但在内核上，我们提出一套心法去拆解一家消费品公司的本质。这套投资心法大体上将消费品牛股分为三类：行业规模和渗透率提升的、市占率提升的、价格带提升的。

渗透率提升通常来自新的消费习惯或者新的技术产生的新消费范围，渗透率为 0.5%～5% 的阶段，大体对应的就是 10 倍的增长，医美、互联网游戏，甚至新能源汽车，其实都属于这个范畴。原来大家并没有这个消费习惯，后面这个消费习惯逐渐流行起来，会给上下游产业链带来大量的投资机会。

市占率提升来自市场相对成熟了以后，同类企业在其中的搏杀，这里就考验谁有更优秀的眼光。战略能力、执行能力强的企业，能抓住更多机会，且更好落地。这是一个"拼刺刀"的市场，近些年的餐饮、服装等，都属于这个范畴。

价格带提升来自到一定阶段的品牌具有的全域定价能力，产品价格能长期跑赢 CPI。这也是消费品品牌的一种较为终极的形态，中国的高档白酒、欧洲的高级时尚皮具都属于这个范畴。

虽然消费品的种类繁多，但将其解构以后，投资机会大抵来自上述几

个方向。第一阶段行业规模和渗透率提升，要对新兴消费习惯有敏锐度；第二阶段市占率提升，要对企业的能力、竞争的格局还有经营的数据有细致的跟踪；第三阶段价格带提升，这就可遇不可求了，需要对优秀的企业有十分细致的跟踪和长期持有的信念。

消费品投资剑招 | 从护城河到财务数据

在本书第 3 章，我们将从"心法"演进到"剑招"，即介绍一些更具体的分类和研判消费品公司的工具，从护城河到财务数据。

消费品公司品类繁杂，制衣厂申洲国际是消费品公司，零售渠道公司沃尔玛是消费品公司，连锁餐厅麦当劳是消费品公司，白酒品牌茅台也是消费品公司。我们生活中的方方面面都有消费品公司的身影。

总体来说，在面对一家消费品公司的时候，我们大体上把其分为三类：品牌公司、渠道公司、供应链公司。在第 4～6 章，我们会详述这三类消费品公司的特点和分析框架。

不过在这之前，我们会有一个对于护城河的思考，品牌公司、供应链公司、渠道公司的核心能力是不同的。品牌公司的壁垒来自用户心智的长期形成；供应链公司的核心壁垒来自规模化的生产能力、研发能力、工艺能力和组织能力；渠道公司的核心能力来自网络效应、反馈效应、组织能力，当然也要顺应时代。

而更具体的指标分析，对于不同类型的公司，都可以抽象成同类型的财务报表。在投资决策中，有一些普适的判断指标，比如增速、P/E、EPS、ROE、营收、利润、存货、净利率、毛利率、销售费用率，这些关键指标可以简要地从不同维度判断不同的公司。

实践是检验真理的唯一标准。在长期的投资研究中，我们会遇到各种各样的公司，用第 3 章所归纳的剑招，可以和这些公司拆解过招一二，但还是需要长期的跟踪与陪伴，才能有更深刻的领悟。

品牌公司 | 消费行业的皇冠明珠

在本书的第 4 章，我们会围绕消费品公司的品牌这个模块，做一个整体的分析和判断。

在生活中，我们时时刻刻都会接触到各类消费品品牌，但可能很多人对于品牌还没有系统的思考。"品牌究竟是什么"和"品牌力究竟是什么"是我们思考的两个核心问题。

先总结三句话：①品牌是消费者和商家间的一种信用契约；②渠道是消费者和商家间的一种反馈机制；③产品是商家对于消费者需求的解读。

我们认为，品牌是所有品牌动作（销售、广告、售后、产品生产管控、设计等）在时间上的计分。每次交互，消费者都会形成一个对品牌的印象，这个印象可能是加分或减分，最终这些分的总和，就是这个品牌的总分，我们称这个理论为"品牌计分板"。品牌计分板理论阐述了几个观点：①品牌是不可复制的；②品牌是有时间维度的；③品牌到一定程度，本身就是核心竞争力。该理论一改此前一谈到品牌核心竞争力，就联想到"设计、生产、研发"的旧观念。品牌是讲天时地利人和的，品牌可能不从事生产（比如优衣库），也不一定从事零售（比如耐克），但承担背书的功能。多年品牌背书的积淀，一定会传达某种符号和信号，可能是某种文化主张，也可能是某种质量背书，这就是品牌。

总体而言，品牌是消费品产业链中价值最高、最诱人的部分，但也是最难形成的一环，需要天时地利人和，也有偶然性。很多下游渠道和上游供应链的优秀公司做品牌，最终却铩羽而归。每一个品牌都是宝贵的资产，而找到长期能够胜出的长跑冠军品牌，是我们要一直去做的事情。

渠道公司 | 电商与互联网是中国消费行业的核心变量

在本书的第 5 章，我们会围绕消费品公司的渠道这个模块，做一个整体的分析和判断。

中国的工业化速度是惊人的，短短几十年，几乎完成了西方国家数百年的进程。中国的消费品渠道变革速度也是惊人的，对于渠道变革的具体分析也是消费品研究中的一个重要内容，在后面的章节我们会详细介绍。

在渠道变革的演进过程中，必然会产生相当多从品牌到渠道的牛股投资机会。

而中国零售渠道的核心变量，是电商。京东、阿里巴巴、拼多多、美团等零售电商渠道公司，以不同的形态，剧烈地改造了中国的商业形态，也带来了巨量的投资机会。

京东、阿里巴巴和拼多多是底层逻辑完全不同的公司，京东是卖货的零售公司，后两家是卖流量的平台公司，这也是我们要着力研究的方向。不同的品牌，在不同的电商体系里面，展示的能力是不同的，这也反映出这个品牌本身有什么样的特点。

为什么京东主营的是 3C 家电，阿里巴巴和拼多多主营的是美妆、服装、日用品？在第 5 章中可以找到答案。

供应链公司 | 中国消费品制造业本就全球顶尖

在本书的第 6 章，我们会围绕消费品公司的供应链这个模块，做一个整体的分析和判断。

中国的消费品制造业，本身就是全球顶尖的。"世界工厂"对于中国来说，是一个时代的烙印，在这个过程中，出现了申洲国际、创科实业这样的消费品制造供应链的百倍股。

浙江的箱包、江苏的家纺、山东的日用品、福建的鞋服、广东的服装与小家电，都是销往全世界的，这些地方都是最优质的供应链集群地。中国有这样的土壤，也有这样的能力，孕育优质的供应链。

为什么拼多多的东西便宜？为什么中国跨境电商厉害？这都可以从中国的供应链体系中找到答案。

事实上，在很多新消费品类中，品牌公司领域不一定诞生了大牛股，供应链公司领域反而诞生了大牛股。比如在手机产业链中，手机供应链上游的立讯精密、舜宇光学都是大牛股；再比如电动车产业链中的宁德时代等，电动车也是中国制造的强项，值得好好挖掘。

品牌长期制胜关键 | 定价能力：卖价格带可能比卖货更重要

在本书的第 7 章，我们会在品牌研究的实战分析中提出更深入的分析武器：品牌力分析。

在找寻品牌力分析模式的过程中，我们提出一个观点：品牌力就是消费者愿意为品牌付出溢价的程度。而这个溢价通常源于品牌的文化属性（最重要的是社交功能）和功能属性（最重要的是安全保障），文化属性和功能属性越强的品牌，越可以提供长足的溢价。这个范式也帮助投资者更好地识别什么样的品类具有更好的溢价属性。在这个基础上，我们还提出了判断品牌所处阶段的范式：①品牌 1.0——品牌即认知；②品牌 2.0——品牌即优选；③品牌 3.0——品牌即品类；④品牌 4.0——品牌即身份。

近年来，出现了很多新兴的商业模式，如直播电商、社区团购等。在这些变革中，通过我们的分析框架，可以直击商业模式的重点。比如"拼多多和社区团购出不来太强的新品牌""直播电商是折扣电商，而非兴趣电商"，这些分析的基础源于我们对品牌公司诉求的深入分析——一家品牌公司到底需要什么？和渠道的合作关系到底是怎样的？

在分析商业模式的时候，还需要明晰地判断哪些是可投资的，哪些是不可投资的，并在可投资的范畴中，找到最重要的点。如果品牌公司已经过了行业规模和渗透率提升阶段，进入市占率提升和价格带提升阶段，那判断一家品牌公司最重要的点就是这家公司的定价能力。

渠道变革的本质真相 | 为什么中国没有大型连锁便利店

在本书的第 8 章，我们会着力分析渠道变革这件诞生了大量投资机会的事情。

我们前面说过，中国零售最重要的核心变量是电商，这里面有很多有意思、有启示的事情，比如很多投资人都试图寻找过"中国的 7-11""中国的沃尔玛"，但很可能在中国就不会有大型连锁便利店诞生，这是因为中国的零售渠道经历了猛烈的"跳级"变革，必须以发展的眼光来分析这个问题。

美国等老牌西方国家的消费品品牌经历了上百年的变革，像宝洁、可口可乐这样的品牌公司，都是 1900 年以前就存在的了，而它们所经历的渠道变革是一步一步的，从集市到小商店，到百货公司，到超级市场，再到电商，经历了百年。其间像沃尔玛、开市客（Costco）等连锁渠道公司脱颖而出，这几十年的进程，是渠道公司和品牌公司互相作用的结果。

中国的渠道变革其实是跳级完成的。2000 年前后，中国的连锁卖场刚刚兴起。在华润万家、人人乐、好又多兴起的时候，京东和阿里巴巴也兴起了，它们其实是同一时间开始起跑的。而对于电商，不仅销售的渠道变化了，整个供应和销售的拓扑结构也发生了巨大的变化。举个例子，A 地有 A 店，B 地有 B 店，A 店做得再大，还是会有人去 B 店买东西，因为 B 店有它的属地地面流量。北京 SKP 再大，一个西安人也不会天天去北京

SKP 买东西。但电商不一样，所有人到电商店铺的距离都是一样的，大部分人在电商上买东西都不会翻五页以上，所以电商的头部化程度、马太效应会远大于线下零售，电商头部的平台、品牌的投资机会也更加突出。

渠道分析是一件要结合历史文化、消费习惯的很有意思的事情，不同国家的发展历程可能没办法生搬硬套，但研究渠道变革仍是一件非常有趣的事情。本书第 8 章主要从几个不同的切入点，分析渠道变革里面的一些有趣的案例。

展望未来的机会 | 对未来的新消费，我们可以做怎样的展望

在本书的第 9 章，我们会对未来的消费品市场做一个展望，看有哪些新消费投资机会可能会出现。

对未来的新消费投资机会，我们大体上从三个方向来展望。

一是新品牌诞生。新一代消费者会产生很多新的消费主张，比如零糖、国潮，这些新的消费主张都会催生新的消费机会。元气森林、RIO 等虎视眈眈的新品牌，都源自新的消费主张；李宁、安踏等国货崛起，源于新一代的国货意识觉醒，"95 后""00 后"从小长在国力强盛的时代，天然觉得"国货也可以很酷"，这和"70 后""80 后"不同。此外，很多消费品类此前并未出现体系化、工业化的品牌，一直处于零散的状态，比如餐饮。而海底捞这样的品牌最终是大浪淘沙出来的，展现了高效的组织、管理和供应链能力，最终在"品牌计分板"上得到了高分，将零散的餐饮消费行业进行了聚集，形成了大品牌。

二是新消费习惯。像植发、医美、盲盒等，是新产生的消费习惯，当周围越来越多的人开始进行这些新消费的时候，习惯就成了趋势，也会因此催生相应的品牌和供应链企业。每一代人都有每一代的消费习惯，很多新的消费习惯看起来可能有些复古，但其实是新的消费习惯。

三是新技术。有些新的消费习惯来自新的技术变革和突破，比如直播电商、新能源汽车和自动驾驶，都是技术变革和突破带来的新消费习惯。技术变革和突破也会带来非常好的消费品投资机会。

新消费是有趣的、新奇的，但针对它们的分析框架还是符合我们前面提出的心法和剑招的。

消费品财报分析 | "三好学生"的财报长什么样

在本书的第 10 章，也就是最后一章，我们会进行一些实战分析，让本书的读者身临其境，从一个分析师的视角，翻开企业的财报，来体验如何分析一个企业的财报。

财报的分析方式，我们在第 3 章会进行阐述，而在第 10 章，我们更倾向于实战，找出品牌、渠道和供应链中三个典型的"三好学生"——茅台、申洲国际、京东的财报进行分析，看看消费品"三好学生"的财报长什么样。

当然，品牌、渠道、供应链企业的竞争力、发展逻辑有所不同，它们的财报的关注点也有所不同。实际上，阅读优秀企业的财报是一种享受，它们的财报浓缩了在千军万马的商业战场中厮杀出来的结果，读这些企业的财报就像读一部现代史诗。本书将这一部分放在最后，也是希望读者能跟笔者——分析师草叔一起，去体验分析商业世界的美妙之处。

结语

笔者实感幸运，以消费品分析师的角色进入投资分析这个行业。研究消费品是一件非常有趣的事情，消费品是一个有长坡厚雪、时间玫瑰的行业，也是很多投资者持仓最大的板块，长期来说，创造了不菲的收益。而且不管科技怎样进步，社会怎样变化，消费品都是经济的终端，总能找到好的、长期的投资机会。

　　作为一个投资者，做消费品投资研究，就像研习武学秘籍一样，要经历一个进化的过程。从最早喜欢锋利无匹的兵刃，到内功到达一定程度之后会喜欢消费品这样"重剑无锋，大巧不工"的武器。消费品既能穿越牛熊，也可以让你放上你最重要的仓位，去体会复利的魅力。而对消费品的研究投资，在过了多年，对整个投资市场有了更为深入的理解之后，会进入"竹枝柳条，皆可为剑"的境界。

| 第 1 章 |

为何选择消费品投资

消费是个有长坡厚雪的行业。所谓"重剑无锋,大巧不工",消费行业在历史上曾经诞生过一批又一批穿越牛熊的优秀消费品企业。消费品投资似乎很简单,因为消费行业是离投资者最近的行业,每个人都会接触到消费行业,每个人都有对消费行业的见解。消费品投资似乎很难,常言道"当局者迷",每天都接触的东西,反而会让人变得麻木。本章我们退后几步,用一个更大的视角与大家一起观察消费行业与消费品投资。

在 1.1 节,我们主要介绍消费行业的主要特点。消费行业覆盖范围广,对应广大消费者的最终需求,其中的投资标的具备优秀的韧性,也出现过众多大牛股。1.2 节主要说明消费行业是一个适合大众投资的行业,每个人都可以感知到周围的消费品投资机会。1.3 节复盘中美消费行业的发展阶段,帮大家看清我国消费行业的发展现状与未来方向。1.4 节复盘欧美股市中消费股的成长情况,以此来推断未来我国消费品投资的大方向。

1.1 消费行业的特点

消费涵盖了人们生活的方方面面，范围广、韧性强

从定义上来看，当我们说起大消费行业时，通常指个人消费，即居民支付金钱，换取商品和服务的过程。如图1-1所示，在日常生活中，大家的消费行为可分为商品消费和服务消费。商品消费即购买实物商品，其中又可分为耐用品行业和消耗品行业；服务消费主要包含餐饮行业、旅游行业、文娱行业等。可见，消费行业的覆盖范围非常广，图1-1中的数码、家电、家居、餐饮、旅游等赛道，都属于消费行业的子行业。

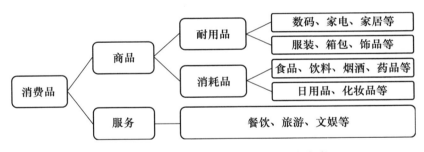

图1-1 消费行业可分为商品和服务两大类

消费行业是一个韧性较强的行业，被誉为国民经济的"稳定器"和"压舱石"。这是因为人们的消费需求（尤其是必选消费需求）具备较强的稳定性，不论在怎样的经济情况下，大家都会产生衣食住行等生活需求。消费需求的韧性带来了消费股的韧性，大消费板块的贝塔（β）系数处于中等偏下水平，回报率不会随市场的牛熊而产生剧烈的波动。在熊市，消费板块不会回撤太多；在牛市，消费板块弹性也不算太大，是个稳健的投资品种。

图1-2展示了食品饮料和家用电器这两个市值高、成交额大的板块

2000～2021年每年的指数涨跌幅在所有31个行业中的排名情况。在2010年之前，食品饮料的稳健性在多次牛熊轮回中得到充分体现，在2001～2005年熊市中表现突出，在2007年熊市中排名靠后，在2008开始的下跌之中表现尚可。在2014～2015年的大牛市之中，食品饮料和家用电器的表现都相对靠后，但在2016年后表现相对较好。随后，在经济增速下行、无风险利率下降之后，消费板块的持续性被市场看重，2017～2020年食品饮料、家用电器板块的整体表现非常亮眼。在2021年受制于消费不景气、原材料价格上涨等基本面不利因素，叠加连续多年上涨之后行业内公司的股价普遍处于高位，这两个板块出现了较大回撤。

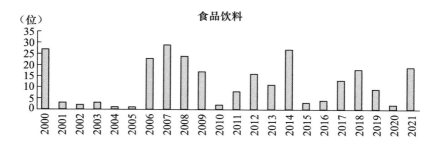

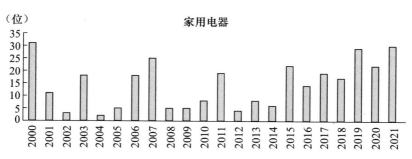

图1-2　申万食品饮料、家用电器指数涨跌幅在所有31个行业中的排名

资料来源：Wind。

从个股上看，在不同的市场阶段，都不乏质地优异的消费股，它们能

穿越牛熊，为投资者带来大量的收益。在熊市，消费行业作为"压舱石"，作为具备韧性和稳定性的优秀行业，一般回撤幅度并不大；而当经济转好、牛市来临时，消费行业作为资金的最终去处，又能迎来较高的增长。经过一轮轮牛熊的不断切换，质地优异的消费股得以脱颖而出，傲视群雄（见图1-3）。

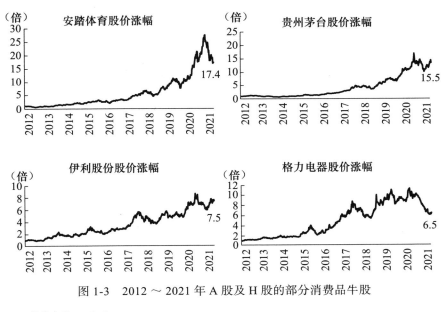

图1-3　2012～2021年A股及H股的部分消费品牛股

资料来源：Wind。

消费对应了大多数行业的终端需求

不论是上游周期行业，还是中游科技制造行业，最终都将会以某种形式对应到终端的消费上。比如，立讯精密、歌尔股份等苹果产业链龙头，其产品最终会成为iPhone的一部分；宁德时代、亿纬锂能等动力电池龙头企业的产品，则会成为新能源汽车的一部分。而大多数iPhone和新能源汽车，都会被个人消费者买走。

科技改变消费习惯。实际上，科技企业的发展历程，也与终端消费息息相关。科技产品的萌芽、成长、成熟、衰退，也对应着其终端消费的生命周期。在萌芽期，相关产品的良率不高、量产成本高，因此主要停留在实验室阶段，而没有反映在终端消费上。随着技术的进步，在成本下降到一定范围之后，企业会将产品逐步推向市场，并使产品在终端消费上逐渐得到体现，并进入成长期。有部分革命性的新技术（比如智能手机等）改变了消费习惯，终端消费需求呈现爆发式提升，这又最终反过来带动了相关制造企业的飞跃式成长。

消费行业牛股辈出，基业长青

消费行业的牛股是长青的牛股，纵观美股历史，许多成功实现连年稳定增长的大牛股来自消费赛道。如图1-4所示，2012～2021年，雅诗兰黛涨了6倍多，家得宝涨了10倍多，宝洁涨了2倍多，星巴克涨了近5倍。这些企业都处于相对比较成熟的行业，且在10年前就都已经成为各自行业的龙头老大，但仍能实现持续高增长，这放在其他行业是难以想象的。一是因为大消费面向的是最广大的大众需求，具备广阔的潜在市场空间；二是因为许多消费行业龙头企业都具备明显的护城河，如品牌认知、渠道网络等，这能持续产生超额收益，也让其他竞争对手难以模仿和追赶。

许多新兴的科技巨头也可以算是广义上的消费品公司，比如苹果和特斯拉等。如图1-5所示，苹果的股价在最近10年中上涨了近13倍，但核心原因并不是技术突破。苹果的主要收入来源是iPhone智能手机，而智能手机的核心技术在2011年底iPhone 4S发布的时代就已经趋于成熟，此后iPhone与同代的安卓（Android）阵营旗舰机之间的硬件差距不断缩小。

事实上，2012年之后的苹果已经成为一家消费属性极强的公司，其核心竞争优势主要体现在品牌塑造、产品定义、生态打造、渠道管控等方面。于品牌方面，每当苹果出了新功能都会被竞争对手争相模仿，这实际上不是技术优势，而是品牌优势，因为这说明大家潜意识里认为苹果做的就是行业的未来。于品牌宣传（简称品宣）方面，苹果发布会是数码圈的"春晚"，自带大量流量，苹果独特的广告和宣传语也是其他厂商效仿学习的对象。于产品方面，苹果产品的本土化是所有国外手机厂商中的第一梯队，极少出现水土不服的现象。于供应链方面，苹果主要采用代工模式生产，2020年的供应商数量超过200家，但近些年极少出现品控不好、大面积缺货或滞销等现象，供应链管理能力极强。于渠道方面，其自建的Apple Store直营店一度颠覆了数码品牌线下体验店的业态，对经销渠道的价格管控也做得非常出色。可以说，苹果在其经营的所有环节中都表现得非常出色，这正是一个强大的消费品牌所应有的素质。

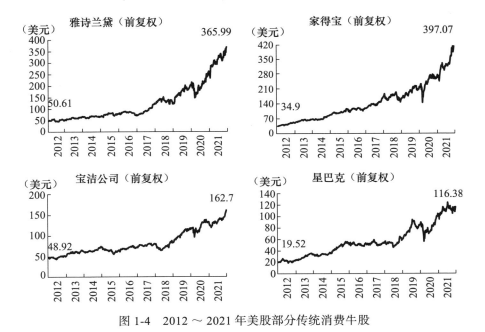

图1-4　2012～2021年美股部分传统消费牛股

资料来源：Wind。

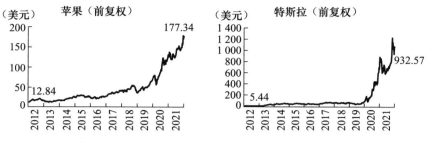

图 1-5　2012～2021 年美股部分科技消费品牛股

资料来源：Wind。

特斯拉的股价在近 10 年中涨了 170 倍，这是一个技术迭代打开消费需求的故事。汽车是典型的大众消费品，特斯拉通过技术的不断迭代进步，不断缩小新能源汽车在续航、充电方面与传统燃油车的差距，并把价格一步步下探到主流价位。此后，新能源汽车的渗透率持续提升，而特斯拉的股价也一飞冲天。汽车行业的消费需求有目共睹，新能源汽车的渗透率从不足 0.5% 提升到 10% 以上，对特斯拉而言可能就是百倍以上的收入增长。

投资和人生一样，要寻找的是那些有长坡厚雪的赛道。而消费就是这样的一个赛道：它面向人们的最终需求，具备辽阔的市场空间；它具备非凡的韧性，足以穿越牛熊；它具备持续的成长能力，与人们的生活水平一同成长；它还具备明显的经营壁垒，能占据人们的认知和心智，通过品牌认知、网络效应不断为投资者带来超额收益。相信对于任何一个严肃的投资人而言，消费都是一个绕不过去的核心赛道。

1.2　消费研究，始于日常

巴菲特曾说："永远不要投资你不了解的生意。"在股市中，复利是最强大的武器，而要想获得复利就得严格控制风险，避免投资自己不了解的生意是一个控制风险的有效方法。在众多的行业中，消费行业可谓是最容易理解的赛道之一。理解消费行业，不需要太多的数理化专业知识，不需要相关的从业经验，甚至不一定需要第一手的行业数据。只要能够做到对周围生活敏锐洞察和深刻理解，每个人都能够从自身周围感受、感知到投资的机会。

投资大亨、摩根士丹利前任首席策略官巴顿·比格斯先生曾在他的著作《对冲基金风云录》中分享了这样一则故事：有一年，他的父亲组织了一个家庭选股大比赛，每个人选出5只看好的股票，结果巴顿·比格斯排名垫底，而获胜者是他的母亲。母亲大人对股市一窍不通，只是选出了那些在日常生活制造了她喜爱的产品，或是让她有好感的公司，最后在宝洁公司和艾奥瓦电力公司上赚了大钱。比格斯家族中有多人从事金融工作，而对市场不甚了解的比格斯的母亲，就这样利用生活中一些朴实无华但无比真实的感悟，在市场上战胜了他们。

在最近几年国内的消费行业中，我们也见证了这样的机会。在拼多多刚刚上市的时候，资本市场对这个来势汹汹的下沉市场社交电商新贵摸不着头脑：花里胡哨的拼团和裂变、一掷千金的补贴、报表上一往无前的业绩增速……但大多数专业投资者都没有所谓"五环外"的下沉市场生活经验，因此无法在第一时间对拼多多做出坚定的判断。此时，更接地气的广大群众反而更容易看清这个投资机会：拼多多的商品的确有明显的价格优势，而且购物体验和产品质量往往都还不错；各种分享裂变玩法，事实上起到了很好的传播效果；人们从好友分享中看到如此便宜的价格，也乐于去试一试，然后无法自拔……事实上，很多不怎么网购的中老年人，也乐呵呵地互相玩起了"砍一刀"的游戏。相信亲眼看到以上现象的人很容易得到这个结论：拼多多的增长势头是真实且无可阻挡的。但可惜大多数专业投资者很难有类似的经历，很多人的反应慢了半拍。最后，在拼多多上市后一年内买入的人，在 2018～2020 两年内实现了近 10 倍的投资收益。

所以，对于消费品投资而言，大众投资者的优势在于大家能够在自身周围、日常生活当中感受到投资的机会，且对消费生意的逻辑进行分析也并不需要投资者具备很多专业知识。只要用心，大家都能够把消费行业研究清楚。

1.3 中美消费行业复盘对比

2021 年，中国消费行业仍然在飞速发展的过程中。通过复盘并对比成熟市场过去的经历，将有利于我们理解中国消费行业未来的发展趋势。本节通过分析中国和美国消费行业的历史发展阶段，帮助大家抓住未来中国消费行业发展的大趋势。

总的来说，中美两国的消费品发展，都出现过三个典型的阶段。第一个阶段是生活必需品普及阶段，主要是食品和生活用品的普及；第二个阶段是家庭消费阶段，体现为大家电、汽车渗透率的提升；第三个阶段是个人消费阶段，体现为品牌商品的增长，在这个阶段，人们消费更加注重个性化的需求和消费主张的宣扬。

美国消费行业发展复盘

我们把美国 20 世纪以来消费行业的发展分为四个阶段：第一个阶段是 1900～1930 年的生活必需品普及阶段，第二个阶段是 1930～1960 年的家庭消费阶段，第三个阶段是 1960～1990 年的个人消费阶段，第四个阶段是 1990 年至今的新消费阶段。图 1-6 展示了美国各类主要消费品的历史渗透率，从中可以看出，在不同阶段中渗透率快速提升的消费品类型不同，而这也是区分各个消费发展阶段的依据。

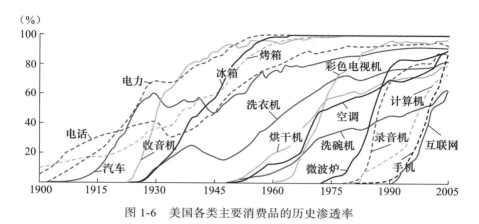

图1-6　美国各类主要消费品的历史渗透率

资料来源：Nicholas Felton, *The New York Times*。

第一阶段：1900～1930年，生活必需品普及阶段。在这个阶段，电力、住宅得到初步的普及，渗透率提升的消费品包括电话、汽车、收音机等。电力或许是此时最为重要的革新之一，在制造业能源结构中的占比显著提升，汽车消费开始进入寻常百姓的视野。在这30年中，现代连锁零售行业也实现了突破，现代连锁零售店的鼻祖之一A&P就在这段时间里实现强势崛起，并于1930年前后达到顶峰。现在人们生活中所习以为常的很多生活设施，就是在这个阶段发展成型的。

第二阶段：1930～1960年，战后恢复，家庭消费阶段。在这个阶段，美国经济遭受了世纪大萧条的打击，此后的第二次世界大战（简称二战）也给美国经济造成了一定程度的影响。汽车、电话等产品的渗透率在二战结束前都基本持平于1929年的水平。战后，美国经济快速恢复，战前已经开始崛起的汽车、冰箱等产品的普及率恢复增长，几乎实现了全民普及。而战后的"婴儿潮"使得美国家庭规模变大，刺激了家庭消费的增长。烘干机、空调、洗碗机等家庭消费产品，在技术进步供给提升叠加家庭消费主体旺盛之下，开始进入高速增长期。

第三阶段：1960～1990年，个人消费阶段。个人消费阶段的到来主要受益于两个因素：经济和成长环境。在经济方面，1960年美国经历了经济的繁荣，居民可支配收入显著提高，在完成生活必需品开销之后，仍有大量的富余消费能力，这体现在消费结构的改变之上。如图1-7所示，1960年之后，在美国居民消费结构中，服务消费的占比开始稳步增长，而消耗品的占比出现明显下降。在成长环境方面，在战后优渥环境中成长起来的人，在拥有富余的收入之后，倾向于进行更多的悦己型消费，也愿意为品牌商品支付高溢价。数据显示，20世纪60年代，美国在法国奢侈品出口份额和瑞士钟表出口份额中的占比是最高的。"雅皮士"是20世纪80年代美国青年的象征，他们年轻有为有抱负，受过高等教育，很多人在大城市中有着不菲的薪资收入，他们非常注重通过消费和物质享受宣扬自己的个性。这个阶段的基础消费已基本完善，一方面，空调、彩色电视机等更高阶的耐用消费品得到普及，另一方面，沃尔玛等现代零售渠道得到了长足的发展。另外，计算机和互联网开始崭露头角，这意味着信息革命的开始。总之这个阶段消费最明显的特征是个人消费，宣扬个性主张、追求悦己是这个时代的消费印记。

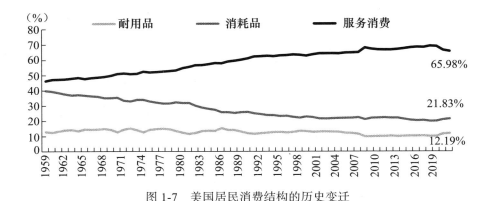

图1-7 美国居民消费结构的历史变迁

第四个阶段：1990年至今，新消费阶段。20世纪90年代，美国引领了全球化，实现了经济的持续增长。伴随着计算机技术和互联网的逐渐成熟，消费场景进一步扩充，新消费成为这一阶段的主题。90年代技术突破带来电子游戏的崭露头角；消费习惯改变使得健身产业迅速崛起；而折扣店、仓储店、奥特莱斯店等新零售业态的兴起则使消费者的平价消费需求得到满足。21世纪是互联网消费的"专场"，消费者的购物抉择越来越多地受到互联网的影响。随着智能手机的普及，网购的渗透率也实现了持续提升。在这个阶段，美国的消费行业趋于成熟，而信息技术的突飞猛进无疑是最重要的变量。

回顾改革开放以来的中国消费发展历史

至2021年，我国的消费发展历史大致可以分为生活必需品、家庭消费、个性化消费三个阶段。改革开放后我国经济文化的发展进入了快车道，因此消费各个阶段之间的衔接与切换速度较快。

这里的阶段划分以城市为准。改革开放初期，城乡之间的发展节奏和消费阶段并不匹配，乡镇大致落后5～10年，这体现在恩格尔系数上（见图1-8）。故本书对消费阶段的划分，主要以城市为标准，乡镇相应推后。

第一阶段：改革开放后到20世纪90年代前期，生活必需品阶段。这个阶段总体呈现出"需求大于供给"的特征，刚需品需求非常旺盛。以食物支出占消费总支出的比例表征人们物质生活水平高低的恩格尔系数，在这个阶段中持续下降，人民温饱问题逐步得到解决。"老三样"（自行车、手表、缝纫机）等耐用消费品开始兴起，洗衣机、冰箱、彩色电视机等家用电器也开始快速渗透。提供生活必需品的现代零售业（如超市、百货商场等）得到迅速发展，相关标的在20世纪90年代前期的大牛市中表现抢眼。

图1-8 中国城乡居民恩格尔系数

资料来源：国家统计局。

第二阶段：20世纪90年代中后期到2010年，家庭消费快速增长，重点品类是家电、汽车等。首先，在生活必需品得到基本满足后，人们的消费重心开始转向家电等耐用品。其次，20世纪60年代"婴儿潮"一代进入育龄，带来了新一轮"婴儿潮"，这在一定程度上促进了家庭消费。于是，家电先实现了迅速发展，之后汽车等大件消费品的渗透率提升也随之而来。如图1-9所示，20世纪90年代初，彩色电视机、冰箱、热水器、洗衣机的渗透率迅速提升，此后空调、微波炉开始成长。汽车消费在加入世界贸易组织（WTO）后开始爆发，加入WTO同时释放了汽车的供给和需求，供给受益于进口关税下调与合资品牌放量，需求受益于人们消费意愿和消费水平的提高。此后，2009年的汽车购置税减免政策进一步推进了汽车的销量提升，使汽车实现了进一步的普及。该阶段是中国经济发展的黄金阶段，而居民收入水平的不断提升，也为个性化消费时代的到来打下基础。

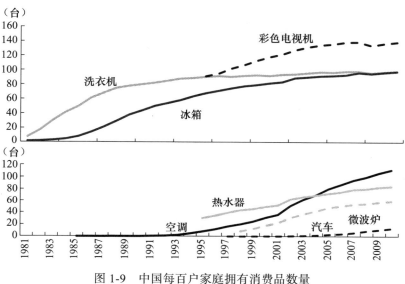

图 1-9 中国每百户家庭拥有消费品数量

资料来源：国家统计局。

经历改革开放后多年的迅猛发展，我国的经济实力已经大幅增强，人民生活水平显著改善。如图 1-10 所示，经过第一、第二阶段的经济发展和消费普及之后，居民消费结构有了很大的改变，商品开销的占比下降，而服务开销的占比提升。这标志着基础性的生活必需品和家庭消费需求已经基本得到满足，人们把目光转向了个性化消费。

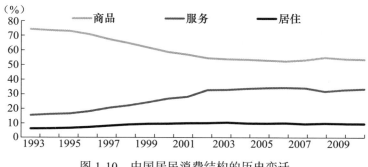

图 1-10 中国居民消费结构的历史变迁

第三阶段：2010年至今，个性化消费崛起。消费发展的普适性规律，在于从生活必需品到家庭消费到个性化消费的迭代和转变，20世纪60年代的美国、80年代的日本、2010年之后的中国，都在经济持续发展、基础需求和家庭需求得到满足后转向了个人消费、个性化消费。2010年恰好也是我国智能手机和移动互联网开始普及的年份，在经济水平和科技水平发展的共振下，我国消费行业进入了波澜壮阔的个性化消费时代。

品质消费不断崛起。对于基础的生活用品，人们愿意去尝试售价更贵而质地更好的商品。化妆品行业的高速发展就是这样的一个例子。如图1-11所示，从化妆品规模增速上看，2017年之后我国限额以上企业化妆品零售额增速大幅领先于商品零售额整体增速。从化妆品价格带分布上看，中高端以上价格带的化妆品不断侵蚀大众化妆品的市场，而产品整体价格带的提升，是化妆品市场规模增长的一个重要驱动力。化妆品反映的是人们对美的追求，中高端化妆品市场的增长是个性化消费抬头的直接体现。

人们对于大品牌的追求，使得一部分品类的头部化率持续提升。运动服饰行业里的头部品牌（包括耐克、阿迪达斯、李宁、安踏等）品牌力强，产品的价格带高于行业平均水平。2011～2020年，运动服饰品牌前五名和前十名的市占率不断提升（见图1-12），一定程度上也反映了人们对高品质品牌商品的追逐与喜爱。

个性化消费阶段的另一个显著特征是奢侈品消费的增长。如图1-13所示，我国奢侈品市场规模从2019年开始加速增长。奢侈品在基础功能上与一般的商品无异，但能通过独具一格的设计、精细的做工、深厚的品牌底蕴，来体现拥有者的品位与格调。对部分消费者而言，购买奢侈品可能是为了社交的需要，可能是喜欢某个品牌或者某种设计，也可能仅仅是为了一种高级感。但不论哪种需求为主流，奢侈品消费的增长都是个性化消费崛起的一个重要体现。

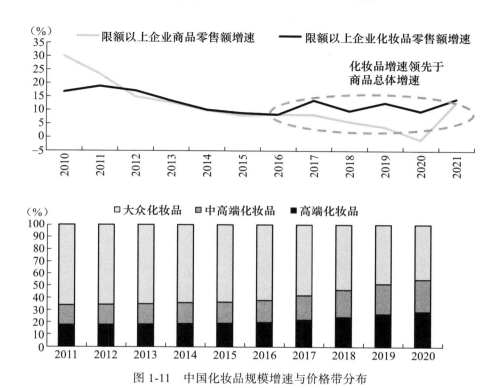

图 1-11 中国化妆品规模增速与价格带分布

资料来源：Wind，Euromonitor。

图 1-12 运动服饰品牌前五名和前十名的市占率（以销售额计）提升

注：此处以行业集中度（CR）代表市占率。

资料来源：Euromonitor。

图 1-13　中国奢侈品市场

资料来源：Euromonitor。

互联网的普及也推动了个性化消费的发展。消费者的购物决策一定会受到其他人的影响，而且往往越是私密、亲近的关系，带来的影响越大。互联网社交平台上的各种"种草"文章，将改变不少读者的购物决策。所谓"种草"，就是消费者之间互相分享对某些产品的好感，这类分享将激发人们大脑中的多巴胺，带来憧憬，并最终带来日后的"拔草"购买行为。而这类在小圈子中传播的购买推介，往往也是个性化、带有明显消费主张的，推动了个性化消费的发展。

中国消费的下一个阶段

2022年初，我国正处于个性化消费时代的高潮之中。回顾美国、日本的发展历史，个性化消费时代过后，还将迎来新消费时代。但美国、日本新消费时代的主题迥然不同：美国的主题是新消费习惯、新消费主张的兴起，这带来了大量的新需求与新品牌崛起的机会；日本的主题是低欲望，是对于朴素、精巧、实用、去品牌化的追求。这可以说是截然相反的两个方向。中国消费的下一个阶段，是更像美国，还是会更像日本？

笔者认为，中国消费行业未来的发展会更像美国，而不像日本。日本与美国消费发展路径的不同，与二者经济环境的差异有关系。日本所谓"低欲望消费"的出现，是"失去的20年"带来的信用缩水、GDP增速放缓、社会结构扁平所产生的结果。而美国经济没有出现这样的情况，在1990年后，美国经济不断发展，信用也较为宽松。未来我国的经济情况可能会与美国更加类似，我们有发达的制造业，有辽阔的土地，有大量的人口带来的海量消费需求，这都是未来消费和经济持续发展的坚实基础。另外，从目前的情况来看，我国的经济增长情况良好，货币较为宽松，暂时没有发现"日本化"的迹象，笔者也不认为我国未来会出现像日本一样的长期紧缩和持续低速增长。

因此，美国消费的发展历程或许对我们更有参考意义。中美两国此前都经历了生活必需品、家庭消费、个人消费（个性化消费）三个阶段，目前我国仍处在个人个性化消费时代，美国已经进入了由新消费需求和新消费主张主导的新消费时代。美国消费结构中呈现的消耗品占比下降、服务消费占比提升的趋势，也开始在我国复现。相信未来我国消费投资的大方向，也可以从近几年美国消费股的走势中窥见一二。

1.4 欧美消费股群雄志

美国消费股的发展历史对A股有很大的参考意义。复盘美国股市发展，我们能找到很多优秀的消费品公司。在大家认为"这家公司已经很大了"之时，消费品公司往往还有很大的成长空间，所谓"长坡厚雪"就体现在这儿：消费面对的是广大人民群众的生活需求，具备广阔的发展空间。而消费品公司所具备的深厚壁垒、持续成长能力、充裕的现金流，则使得其具备穿越牛熊的能力。表1-1统计了1982～2005年美股大市值股票中涨幅较高的标的，其中不乏我们耳熟能详的沃尔玛、耐克、可口可乐、宝洁等大公司。它们穿越了这 23 年间的多轮牛熊，带来了持久而强劲的投资回报。

表 1-1 1982～2005 年美股表现较好的大市值股票

代码	简称	上市年月	2005年总市值（亿美元）	区间涨幅（倍）	所属行业	备注
MO.N	奥驰亚	1923年3月	1557	6 024.3	烟草	消费
AMGN.O	安进	1983年6月	965	290.2	生物科技	
UNH.N	联合健康集团	1984年10月	844	286.9	管理型保健护理	
PGR.N	前进保险	1971年4月	230	217.2	保险	
CSCO.O	思科	1990年2月	1074	198.2	通信设备	
AFL.N	美国家庭人寿保险	1974年6月	232	198.2	保险	
AMAT.O	应用材料	1972年10月	288	163.9	半导体设备	
WMT.N	沃尔玛	1970年10月	1981	150.3	大卖场与超市	消费
MSFT.O	微软	1986年3月	2801	148.5	系统软件	
HD.N	家得宝	1981年9月	874	136.9	家庭装潢零售	消费
SO.N	南方电力	1949年9月	256	128.7	电力公用事业	
OXY.N	西方石油	1964年3月	321	123.1	石油与天然气	
INTC.O	英特尔	1971年10月	1477	110.9	半导体产品	
RIO.N	力拓	1990年6月	488	104.6	金属与采矿	
ABT.N	雅培	1929年1月	607	79.2	医疗保健用品	
CAH.N	卡地纳健康	1983年8月	293	76.1	制药	
NKE.N	耐克	1980年12月	227	74.3	鞋类	消费
CMCSA.O	康卡斯特	1972年6月	554	69.1	有线、卫星电视	
TGT.N	塔吉特	1969年9月	487	64.9	百货商店	消费
BBY.N	百思买	1985年4月	212	54.6	电子产品零售	消费
KO.N	可口可乐	1919年9月	955	48.3	软饮料	消费
XOM.N	埃克森美孚	1920年3月	3445	43.1	石油与天然气	
PG.N	宝洁	1950年3月	1425	42.2	居家用品	消费
JNJ.N	强生	1944年9月	1787	40.7	制药	
WFC.N	富国银行	1962年12月	1054	4 034.9	综合性银行	

资料来源：iFind。

接下来我们复盘欧美股市中各类主要的消费股 2011～2021 年的表现，通过找出表现好的股票所具备的特性，来大致判断我国未来消费行业投资的机会所在。什么样算是表现好呢？这里以标准普尔 500 指数为标准。从 2011 年 1 月 3 日开盘到 2021 年 12 月 31 日收盘，标准普尔 500 指数从 1257.62 点上涨到 4766.18 点，2021 年收盘是 2011 年开盘的 3.8 倍。因此，如果企业 2021 年的复权后收盘价达到 2011 年的 3.8 倍以上，就可以认为是这段时间中表现较好的标的。

总的来说，欧美股市投资回报率比较高的标的主要是奢侈品、有一定溢价能力的品牌、餐饮等服务公司、持续扩张的渠道商，而投资回报率比较一般的标的主要是市场空间趋于饱和的大众消费品、成熟渠道。在回报率较高的标的中有大量的"十倍股"，而投资回报率一般的标的也能给投资者带来两三倍的稳定回报。从风险回报比上看，消费品投资是一个值得下注的赛道。

2011～2021 年，奢侈品龙头爱马仕、开云、LVMH 都实现了较高的投资回报率，其中爱马仕的股价涨幅最高，上涨了 8.8 倍；开云、LVMH 均实现接近 5 倍的上涨（见图 1-14）。这些奢侈品企业都实现了估值和业绩的双击：爱马仕的估值从 39 倍上升到 66 倍，开云的估值从 19 倍上升到 28 倍，LVMH 的估值从 17 倍上升到 30 倍。这些企业的业绩主要归功于亚太地区的强势增长，估值增长则归功于奢侈品的涨价属性。有涨价能力意味着奢侈品拥有通过提价实现持续增长，并跑赢通胀的能力。随着流动性宽松，奢侈品资产的估值呈上升趋势。可以说，在过去的十年间，奢侈品品牌是表现最好、最稳健的一批消费品投资标的。

欧莱雅、雅诗兰黛、耐克、阿迪达斯本质上都是具备溢价能力的中高端品牌，也都实现了不错的投资回报，均跑赢标准普尔 500 指数。在美股上市的雅诗兰黛和耐克的表现非常亮眼，分别实现了9.3倍、7.9倍的增长（见图1-15）。总的来说，这类品牌力突出的企业，能通过独特的功能属性和文化属性得到强大的提价能力和溢价能力。此外，它们在新兴市场中的不断扩张，也驱动其业绩持续增长。

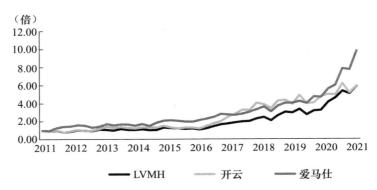

图1-14 奢侈品龙头企业2011～2021年投资回报

资料来源：Wind。

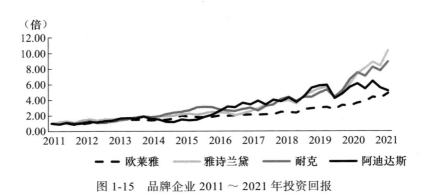

图1-15 品牌企业2011～2021年投资回报

资料来源：Wind。

星巴克、麦当劳、百盛集团这类连锁餐饮类企业也是回报率相当不错的消费品资产（见图1-16），均跑赢标准普尔500指数。我们知道，随着收入和消费水平的不断提高，服务在人们消费支出中的占比会不断提升，餐饮会是其中的重要受益方向。尤其是像星巴克这种"非必须"的餐饮消费，在人民消费水平提升时，其增长弹性更为明显。

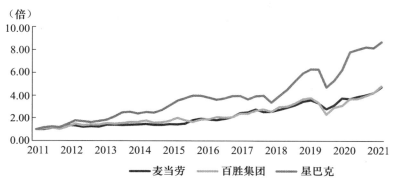

图 1-16　餐饮企业 2011～2021 年投资回报

资料来源：Wind。

可口可乐、宝洁、联合利华等大众消费品，是表现比较一般的标的（见图 1-17），均跑输标准普尔 500 指数。这些企业的主要问题还是出在业绩增长放缓上，其一方面没有持续涨价的能力，另一方面市场规模的增长幅度也不大。它们之前主要依靠全球市场扩张获取增长，但新市场的需求也逐渐饱和，因此规模和业绩上的成长空间已经不大了。但这些消费品品牌都拥有良好的盈利模式，相信未来仍会是适合长期价值投资者的现金牛企业。

渠道企业分化明显，开市客和家得宝表现亮眼，百思买勉强跑赢标准普尔 500 指数，沃尔玛小负于指数（见图 1-18）。差异主要来自业绩增速的不同，开市客、家得宝等的渠道不断扩张，通过业绩增长带动股价上涨。线下渠道单个网点的利润有天花板，企业成长的方式主要是开设更多的门店。因此，持续开店扩张的渠道标的（开市客、家得宝等）给投资者带来了高额回报；而开店停滞的百思买、沃尔玛，则在股票市场上表现平平。

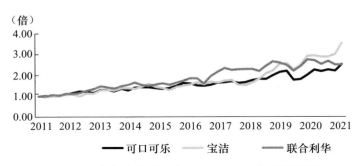

图 1-17　大众消费品企业 2011～2021 年投资回报

资料来源：Wind。

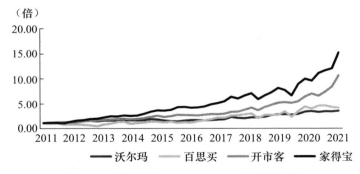

图 1-18　渠道企业 2011～2021 年投资回报

资料来源：Wind。

消费品企业的估值存在共性：如图 1-19 所示，企业 P/E 中枢大体上稳定在 15～35 倍，其中奢侈品的估值较高，而大众消费品的估值较低。比如爱马仕是大多数时间里估值最高的企业，其估值多数时间稳定在 30～40 倍；而可口可乐、宝洁、麦当劳的估值相对较低，估值常常低于 20 倍。总体而言，随着近些年流动性不断宽松，消费品企业估值呈上升趋势，体现出不错的抗通胀特性。

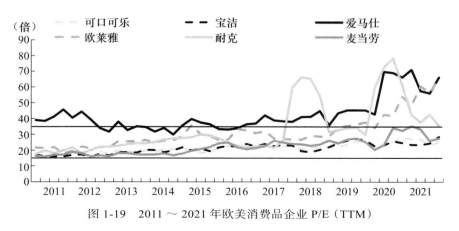

图1-19 2011～2021年欧美消费品企业P/E（TTM）

资料来源：Wind。

1.5 结语

第一，奢侈品具备长期的价值。我国最具特色的奢侈品高端白酒具备显而易见的品牌壁垒和涨价能力，有望成为良好的长期投资品。

第二，有功能性、品牌力强的消费品。我国的李宁、安踏相当于欧美的阿迪达斯、耐克，是具备广泛知名度、认可度、民族文化标签的运动品牌；而我国的头部化妆品品牌珀莱雅、贝泰妮与雅诗兰黛相对应。在服装、化妆品这两个具备功能性与社交属性的赛道，容易出现溢价能力、涨价能力强的品牌，这些品牌容易通过持续的扩张和提价实现长期增长。

第三，在服务消费中，能够实现连锁化、标准化的行业是好的投资方向。在基础消费需求得到满足后，会迎来服务消费的增长。服务类企业的特征是员工人数多，由于管理上的难度，很多休闲服务业企业的规模都比较小，甚至没有办法上市，也难以容纳大资金。具备连锁化经营，并能够通过连锁化实现规模效应的赛道，将会是服务消费领域中的重点投资方向，这包括餐饮、素质教育等。

第四，渠道和大众消费品的投资机会主要来源于业务的扩张。在2022年初，新渠道仍然是重点投资方向，未来渠道发展的主题一定与线上化有关。下沉电商、社交电商、兴趣电商、新零售，都带有互联网元素。零售渠道与互联网相结合，实现广泛引流、高效经营，依然是未来的重要发展方向。而我国的大众消费品已经完成了基本的普及，大多数大众消费品企业，尤其是市场份额比较高的企业，将难以在国内市场中维持长期成长。此时不妨走出国门，将中国制造和中国品牌带向全世界。我国消费品制造业非常强，未来我国品牌的大众消费品走向东南亚、非洲，或者通过高性价比攻占欧美传统市场，都有可能产生重要的投资机会。

| 第 2 章 |

消费品投资心法

本章我希望找到一个投资范式,为消费品投资找到一个万变不离其宗的心法,即"我们要投资怎样的消费品公司"。虽然消费品公司种类繁多,从衣食住行,到文娱旅教,还有嗜好品、日用品等多种品类,但在内核上,我们提出一个心法去拆解一家消费公司的本质。这个投资心法大体上将消费品牛股分为三类:行业规模与渗透率提升的、市占率提升的、价格带提升的。

品牌投资的三条主要逻辑:行业规模与渗透率提升、市占率提升、价格带提升

(1)行业规模、渗透率提升:行业增长可由消费人群的增长或人均消费的增长驱动,渗透率指的是现有消费群体在潜在消费群体中的占比,渗透率提升是品类市场规模增长的重要驱动力。

（2）市占率提升：如果行业原本较为分散，没有成规模、成体系的供应，这时出现了品牌公司整合资源实现规模化，就有品牌化程度提升；如果行业的龙头公司不断扩大市场份额，品牌增速大于行业增速，就有品牌集中度提升。

（3）价格带提升：一部分消费品具备持续提升价格带的能力，比如茅台、爱马仕等；另一些消费品公司则通过不断提升产品定位，做高端迭代来提升产品价格带，如华为等。

当新技术诞生、新消费需求被发掘时，往往能迎来品类渗透率提升的机会。在这个机会中，风险与机遇并存，一方面大家并不能确定行业市场规模的增长空间，以及未来的竞争格局和企业盈利能力；另一方面，这是个鱼龙混杂的阶段，投资者能遇到综合实力突出的优秀公司，也会碰上骗子公司。这个阶段可能会产生未来的十倍股或百倍股，也会让错判的投资者损失惨重，是个诱人但充满风险的阶段，2021年的医美、新能源汽车就处于这个阶段。

下一个阶段是企业市占率提升的阶段。当市场趋于成熟时，行业的头部公司名将在一轮轮"拼刺刀"中角逐市场份额，在竞争中确定行业的老大。这是公司硬碰硬的时间，是考验公司综合经营能力的时刻。能够杀出重围的公司，不论是产品、管理、研发，还是营销，各个方面都要做得相当优秀。化妆品赛道的珀莱雅、贝泰妮，运动服饰领域的李宁、安踏，就是此类公司的例子。

以上两个阶段之后，只有少数公司能够进入最终的第三阶段：价格持续提升。如白酒中的茅台、奢侈品中的爱马仕等，这类消费品资产极其稀缺。持续提价能力一方面取决于赛道，消费者不会无缘无故支付溢价，通常在具备社交属性和功能性的赛道，容易出现提价能力强的公司；而另一方面，通常又只有赛道中品牌力最强的公司，才比较容易实现持续性地提价。

总之，像茅台这样具备持续提价能力的公司是极度优秀、可遇不可求的。

我们在分析一个消费品品牌公司的增长潜力时，可以从行业规模与渗透率提升、市占率提升、价格带提升这三条逻辑入手，找到公司的潜在成长逻辑，进而找到决定公司前景的核心变量。

2.1　消费品品牌增长逻辑之一：行业规模、渗透率提升

企业所处行业的市场规模不断增长是一个很重要的增长逻辑。在行业规模高速增长的阶段，企业只要守住自己的市场份额，就能得到与行业增速相匹配的规模增长。这样的增长相对比较容易实现，因为企业不需要与其他竞争对手争抢市场份额。如果企业互相争抢份额，将很容易出现打价格战、大规模投放、抢占渠道资源等行为，这对于企业的短期盈利通常是无益的。而在市场规模增长的阶段，企业常常能够实现外延式增长，此时企业的利润增速、行业的竞争格局都会比较健康。

行业规模增长可以拆分成用户基数增长和人均消费增长（见图2-1）。

用户基数增长通常意味着渗透率的提升，这是一个稀缺且强势的逻辑。渗透率 = 用户基数 ÷ 人口总数。在人口总数、人口构成没有发生显著变化的前提下，用户基数的增长就意味着品类渗透率的提升。渗透率提升期通常是行业内公司业绩增长最快的阶段，龙头公司常常实现"戴维斯双击"。这是一个稀缺逻辑，现阶段大多数的消费品品类已经进入了成熟期，拥有渗透率提升逻辑的并不多。这类行业通常代表新兴需求，如2021年的新能源汽车、医美、扫地机器人等行业，都拥有渗透率提升的增长逻辑。

品类渗透率达到稳定水平后，还可通过人均消费的提升来进一步打开行业天花板。比如"80后""90后"下馆子的频率更高，当他们逐渐成为餐饮消费的主力军时，就提升了餐饮业的消费规模，甚至催生各种各样的多元化新餐饮业态。

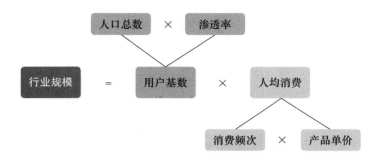

图 2-1　行业规模增长可拆分成用户基数（渗透率）增长和人均消费增长

医美就是一个典型的渗透率增长的行业。中国传统文化认为"身体发肤，受之父母"，对于医美的接受程度天然不及西方国家。如图 2-2 所示，2019 年，我国平均每 1000 人中，进行医美的次数仅为 17.4 次，与韩国（91.0 次）、美国（52.9 次）、巴西（47.2 次）、日本（29.1 次）相比，有较大的提升空间。

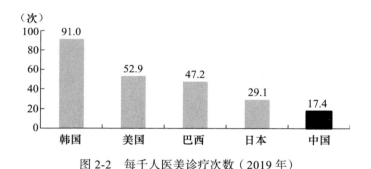

图 2-2　每千人医美诊疗次数（2019 年）

资料来源：弗若斯特沙利文。

渗透率的提升一定程度上来自人们对医美接受程度的提升，这一方面归功于我国经济文化高速发展和互联网进一步普及，使得消费者对美的追求和自我意识不断提升；另一方面，思想更前卫的新一代消费者逐渐成为消费的主力，他们对医美的态度更开放，带来需求增长。如图 2-3 所示，2018 年已有大约 2/3 的国内民众对医美持积极态度（可接受 or 欣赏）。

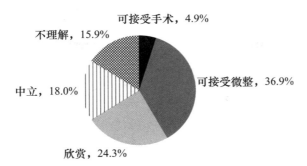

图 2-3　中国大众对医美的接受度调查（2018 年）

资料来源：艾瑞咨询。

未来，随着医美从高线城市向低线城市渗透，以及从年轻人向中老年人渗透，医美的渗透率还有进一步提升的空间。由图 2-4 和图 2-5 可见，从城市层级分布上看，2020 年我国医美消费在一二线城市的渗透率明显高于在三线及以下城市的渗透率；从年龄分布上看，2020 年我国有 80% 的医美消费者年龄在 30 岁以下。对美的追求可伴随人的一生，未来随着医美群体的进一步扩充，行业还有充足的渗透率提升空间。

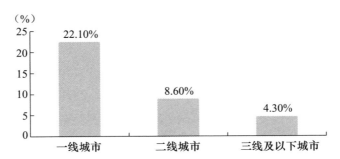

图 2-4　我国不同城市层级的医美渗透率（2020 年）

资料来源：弗若斯特沙利文。

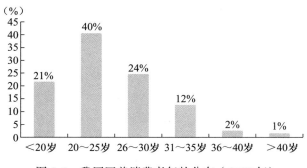

图 2-5 我国医美消费者年龄分布（2020 年）

资料来源：弗若斯特沙利文。

在渗透率不断增长的行业中容易跑出收入和利润都持续高增长的公司。2021 年，医美、新能源汽车、清洁家电等赛道都受益于渗透率逻辑，在这些行业中跑出了众多实现"戴维斯双击"给投资者带来丰厚回报的优秀公司。

2.2 消费品品牌增长逻辑之二：市占率提升

市占率提升包括品牌化程度提升和品牌集中度提升。品牌化程度提升指的是，把原本并不集中的行业通过品牌整合起来，如连锁餐饮行业；品牌市占率提升指的是，行业内具备优势的品牌蚕食对手份额，提升市占率的过程，比如运动服饰行业中的李宁、安踏等品牌。

近年来我国品牌连锁餐饮的发展可理解为"品牌化程度提升"。连锁餐饮具备标准化、规模化等优势，在服务标准化、食品安全、成本管控方面有优势，是未来的发展趋势。但中餐拥有众多的派系，不同地区的口味有较大不同，同时菜品的风味与厨师的烹饪技巧相关度高，且烹饪的过程非标准化。这使得我国餐饮的连锁化率低于海外发达国家。如图 2-6 所示，2015～2020 年，我国餐饮连锁化率已从 12% 提升至 17%，但仍与日本、美国等发达国家 50% 以上的连锁化率有较大差距。

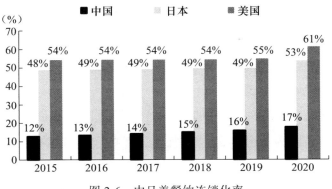

图 2-6　中日美餐饮连锁化率

资料来源：Euromonitor。

我国餐饮行业较为分散，海底捞崛起的逻辑是品牌化程度提升。如图 2-7 所示，从我国连锁餐饮品牌的市占率上看，2020 年，除了肯德基（KFC）市占率达 7% 外，其余品牌市占率均不足 5%；海底捞是唯一跻身前五的中餐正餐连锁品牌。从这组数据中可见传统中餐的非标准性给连锁化、品牌化带来的困难，而火锅作为中餐里标准化程度较高的细分品种，率先跑出了海底捞这样的全国性连锁品牌。

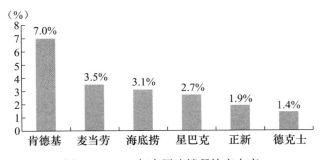

图 2-7　2020 年中国连锁餐饮市占率

资料来源：Euromonitor。

品牌集中度提升主要体现为行业龙头企业的市占率提升。龙头企业市占率提升背后的原因包括：①规模生产降低成本，从而提供了质量更好、更具性价比的产品；②知名度高，具备更强的消费者认知；③拥有分布更广的销售和售后服务渠道等。

通常而言，具备功能性的消费品细分赛道更容易出现市占率较高的大品牌，因为细分赛道中的龙头品牌更加容易被贴上标签，与某些特殊功能、功效形成强绑定。譬如当我们说到服饰品牌的时候，相信每个人脑海中率先浮现出来的品牌都是不一样的，但当我们说到羽绒服的时候，大多数人会立刻联想到加拿大鹅（Canada Goose）或者波司登，说到运动服会联想到阿迪达斯和耐克，说到帆布鞋会联想到Vans和匡威。

从更具体的市占率统计数据上看，以护肤品行业为例，皮肤学级护肤品这个细分市场的集中度远远高于化妆品整体市场。皮肤学级护肤品即所谓的"药妆"，是化妆品行业中一个较大的功能性品类。皮肤学级护肤品拥有特定的效果，比如缓解刺痛、红肿、发炎、长痘等皮肤问题。如图2-8所示，2020年世界各大主要经济体的护肤品第一品牌的市占率通常在4%～10%之间，而皮肤学级护肤品的第一品牌的市占率则高达15%～30%。皮肤学级护肤品龙头品牌的市占率是普通护肤品龙头品牌的市占率的3～5倍，这与龙头品牌在功能性细分赛道中更容易被贴上标签的直觉相符。

运动服、羽绒服等功能性服饰赛道同样呈现出类似的趋势。欧睿数据显示，2011～2020年，我国运动服饰市场前五大品牌的市占率（CR5）从48%提升至59%。2017年以来我国头部国产运动品牌市占率提升趋势明显，它们在解决了2015～2017年出现的库存问题后开始新一轮扩张。而2021年上半年的"新疆棉"事件又进一步加速了这个过程。

图 2-8　皮肤学级护肤品行业龙头品牌市占率高于整个化妆品行业

资料来源：Euromonitor。

总而言之，行业头部品牌集中度提升是消费品品牌增长的一个重要逻辑，在一部分行业中容易跑出市场份额不断提升的头部品牌，功能性护肤品、功能性服饰就是这样的行业。2021 年业绩表现亮眼的薇诺娜、波司登、李宁、安踏等品牌，都受益于行业集中度的提升。

2.3　消费品品牌增长逻辑之三：价格带提升

提价是一个非常稀缺的属性，拥有提价能力的消费品品牌具备独特的投资价值。注意，涨价能力不等于溢价能力。拥有溢价能力的消费品品牌很多，但拥有提价潜力甚至持续涨价能力的品牌很少。可以说但凡是有些名气的品牌，都或多或少具备品牌溢价；而只有茅台、爱马仕等少数品牌具备持续提价的潜力，这类品牌常常是消费品品牌中的皇冠明珠。

不是在所有品类的消费品中都能跑出具备提价逻辑的品牌。在具备彰显个性和社交属性特征的消费品赛道，通常更容易出现具备持续提价能力的品牌。以茅台、爱马仕为例：白酒是一个具备显著社交属性的赛道，因为高端白酒的典型消费场景是各种聚餐；奢侈皮具的主要作用包括自己欣赏和社交需求，兼具彰显个性和社交属性。茅台、爱马仕是各自赛道中最高端的品牌之一，因此具备极强的持续提价能力。如图 2-9 所示，在 2019 年 9 月～2021 年 7 月短短近两年中，飞天茅台（53 度）的经销商调货价格几乎翻了一番。

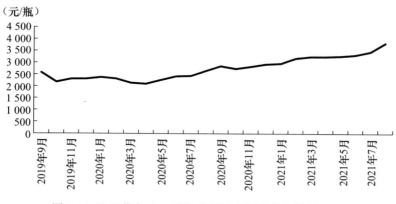

图 2-9 飞天茅台（53 度）的经销商调货价格持续上升

资料来源：经销商调研。

为何提价能力如此重要？一个直观的答案是，提价能力代表永续增长的能力，而根据戈登模型 P/E=1/(r−g)，在投资者要求的回报率 r（即贴现率）保持不变的情况下，永续增长率 g 越高的标的，其合理 P/E 越高。因此，具备提价能力的品牌往往具备成为核心资产的潜力。

根据戈登模型给出的 P/E 范围（见表 2-1）可知，在贴现率较低的环境中（对应低利率环境），合理 P/E 的波动范围较大；而具备通过涨价实现永续增长能力的标的，其合理 P/E 的弹性更大。比如，当 r 从 5% 下降至 4% 时，g=3% 的标的的合理估值上升 100%（P/E 从 50 倍到 100 倍），而 g=2% 的标的的合理估值上升 50%（P/E 从 33 倍到 50 倍）。这正是每当出现流动性宽松（即市场贴现率下降）时，具备涨价能力的核心资产股价率先上涨且涨幅更高的一个主要原因。

表 2-1　在不同贴现率、永续增长率下，戈登模型预示的 P/E　　　　　　　（倍）

g（%）	r=6% 时的 P/E	r=5% 时的 P/E	r=4% 时的 P/E	r=3% 时的 P/E
5	100	不存在	不存在	不存在
4.5	67	200	不存在	不存在
4	50	100	不存在	不存在
3	33	50	100	不存在
2	25	33	50	100

所有具备提价能力的品牌，都是稀缺且珍贵的品牌，但类似茅台、爱马仕这样具备直接提价能力的品牌毕竟是极少数。对于大部分消费品品牌而言，提价主要通过产品迭代完成。在消费领域直接通过涨价来提升价格带是比较困难的，因为直接涨价会或多或少诱发消费者"损失厌恶"的心理，并压制潜在消费需求。很多消费者愿意在一件制作精美的衣服上花费 1000 元，但如果他们付款的时候发现这件衣服之前曾经卖过 500 元，那可能有不少人会撤销购买决定，并等待价格回到 500 元附近。

波司登是 2018 ～ 2021 年成功完成品牌升级并提升产品价格带的一个品牌，而实现方式正是产品升级。2017 年，波司登千元以下产品的销量占比为 47.5%，而到了 2018 年，这个数字仅有 12.5%（见图 2-10）。传统的羽绒服是外观较为臃肿、样式千篇一律的"面包"羽绒服，售价一般在 1000 元以内；而完成产品升级之后，波司登的主力产品逐渐迭代至"极寒""高端户外"等系列的中高端羽绒服。这些中高端产品在面料、工艺、充绒材质等方面均有所升级，并拥有更多样化的外观。

护肤品的市场规模提升同样是通过产品迭代实现了价格带提升。护肤品的价格带差异巨大，亲民的产品如大宝 SOD 蜜，价格只有十多元；而高端的产品如 SK-II 爽肤水，一瓶售价可高达上千元。目前我国护肤品市场仍以定位亲民的大众产品为主，整体价格带并不高，而高端替代的趋势有望大幅提升单价，进而提升护肤品的市场规模。如图 2-11 所示，以销售额计，我国高端美妆个护产品的市占率从 2015 年的 20% 提升至 2020 年的 35%，而大众美妆个护产品的市占率则从 2015 年的 69% 下降至 2020 年的 55%。

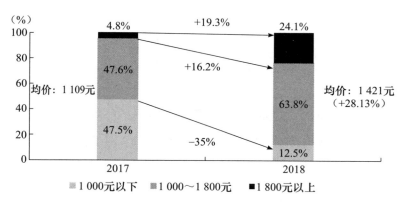

图 2-10　波司登 2017 ～ 2018 年各价格带产品销售量分布

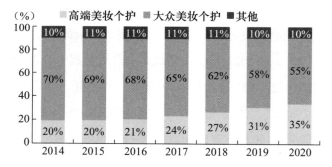

图 2-11　我国高端美妆个护品的市占率逐年提升

注：由于四舍五入，相加可能不为 100%。

资料来源：Euromonitor。

总的来说，渗透率提升阶段的资产进攻性最强、涨得最快、风险最大，投资时要充分小心，要充分摸清公司质地，并保持对公司基本面的紧密跟踪，当增速不及预期时要及时防范回撤风险。投资于市占率不断提升的龙头公司是一种平衡了风险和收益的好做法，关键在于对行业的景气度以及公司的成长速度保持跟踪。而投资于具备持续涨价能力的品牌企业是一种相对稳妥的做法，理论上这类资产在当前经济增长放缓、无风险利率下行的经济环境之下，会有让人眼前一亮的表现。

2.4 结语

消费品投资有三条主要逻辑：行业规模与渗透率提升、市占率提升、价格带提升。

行业规模与渗透率提升是稀缺逻辑。大多数消费品品类已经进入成熟期，行业规模与渗透率提升逻辑主要出现在新兴需求领域。拥有这类逻辑的消费品容易实现持续高增长。

市占率提升即品牌化程度提升、品牌集中度提升。品牌化程度提升指品牌把分散的行业整合起来，品牌集中度提升指龙头企业市占率提升。

拥有持续提价能力的品牌容易成为核心资产。大多数品牌通过产品高端化迭代来提升价格带，只有极少数品牌拥有让产品直接涨价的能力。

| 第 3 章 |

消费品投资剑招

讲完心法，本章我们推进到剑招。心法讨论的是总体的思路和框架，而剑招则更具体地提出对消费品公司进行分类和研判的工具。3.1 节主要介绍如何找出值得投资的赛道；3.2 节介绍消费品公司的分类，消费品公司大体可分为品牌、渠道、供应链三类；3.3 节将展开消费品公司的经营分析方法，帮助大家找到真正具备护城河的公司；3.4 节通过历史复盘探寻消费股的股价上涨驱动力，帮助大家明确找到长期大牛股的方向。

3.1 如何发现好赛道

在投资中，选对细分赛道很关键。正如网上的一句流行语"选择比努力重要"所言，投资于那些身处发展中行业的公司，是事半功倍的事情。而消费行业包含众多的细分领域，比如必选消费中有食品饮料、日用品、卫生用品、烟酒等，可选消费有珠宝首饰、房地产、汽车等，如何从种类繁多的领域中找到成长性强、模式优秀、值得投资的赛道？这是本节重点探讨的问题。

第一，我们要弄明白行业处于其生命周期中的哪一个环节。根据行业生命周期理论，所有的行业都会经历初创、成长、成熟和衰退四个阶段（见图3-1、表3-1）。

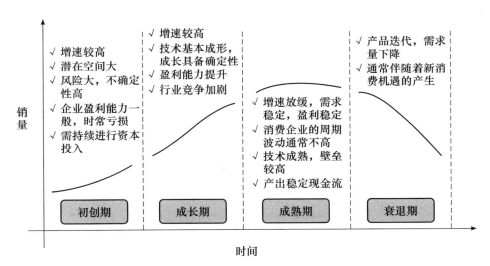

图 3-1　行业生命周期理论

表 3-1　四个阶段的行业在股票市场中的体现

阶段	股票市场中的表现	举例
初创期	风险与机会并存，有可能遇到技术失败、需求不及预期、骗子公司等风险，但成功后有可能带来百倍收益	数年前的特斯拉
成长期	成长性和确定性俱佳，是市场追逐的热点，产生大量十倍股；企业发展前景一片大好，但也会遇到竞争加剧等问题	2021年的新能源汽车、医美、化妆品等
成熟期	成为市场中典型的价值股和"现金牛"，增长率不高，壁垒深厚、业绩稳定、现金流充沛，具备长期持续分红的能力	白酒、大家电、日用品等行业
衰退期	需求被其他东西替代，优秀企业通过转型维系成长	随身听、数码相机等

在初创期，行业和产品的技术并不是非常稳定，具备较大的不确定性。第一，产品的生产成本还比较高，公司不一定能盈利；第二，行业的技术路径还没有被完全确定下来，选择了错误路径的公司可能会遇到麻烦。在这个阶段，公司的重心主要在开拓市场、做大蛋糕上，经营产生的大部分利润通常会被再投入到研发、营销等方面，有时还需要进行持续不断的融资。投资处于初创期的公司是高风险、高收益的行为。一方面新技术有可能失败，或公司因为产品得不到用户的认可和青睐而提前进入衰退期；另一方面，在初创公司中也不乏许多骗子公司，它们企图利用人们对新行业了解不深却害怕错过机会的心理大赚一笔。如果行业成功度过初创期，行业中的公司将为投资者们带来巨额回报。当行业的渗透率从0.1%提升到10%时，初创公司就有可能实现数十倍甚至上百倍的收入、利润增长。2010～2021年的特斯拉公司就是这样一个例子。

处于成长期的行业是市场追逐的热点，也是很多龙头股和白马股所处的阶段。从历史上看，消费品公司股价上涨的驱动力主要来自公司盈利增长（这一部分我们将在3.3节中详细展开），处于成长期的公司利润增速较快且成长确定性较高，因此受到市场青睐。成长期行业面对凶猛的市场需求增长，行业渗透率不断提升，发展前景一片明朗。此时行业技术已经逐渐成熟，龙头公司开始形成技术壁垒。该阶段的一个典型特征是行业竞争愈发激烈，大量的公司和企业家在看到行业发展前景后，都想试一试水，因此行业中的产品种类和竞争者数量将显著增加。通常，在成长期的早期阶段，公司还是以粗放成长、外延扩张为主，以最快的速度抢占空白市场，如2021年的新能源汽车行业。而进入成长期的中后阶段后，公司则开始注重精细化运营，开始打磨、优化经营的各个环节，并推出不同价格带、不同特性的产品，做品牌区隔，以面向不同类型的消费者。比如苹果在2014年推出iPhone 6和iPhone 6Plus之后，每年都会推出不同屏幕大小的新机来区隔用户，在 2018 年的 iPhone XR 和 iPhone XS 之后，每年都以两个价格带的机型满足预算不同的用户，这都是行业增长放缓后精细化运营的体现。

处于成熟期的消费品公司，成为市场中主要的价值股。它们的需求成长率不高，需求稳定，且不太会像周期股一样经历剧烈的周期波动；它们技术成熟，通过品牌认知等方式占据了消费者的心智，拥有较高的进入壁垒，也具备一定的超额收益；它们是"现金牛"，因为消费品生意的维系一般不需要太多的持续投入，公司产生的大多数利润可以用作分红和回购。比如细心的投资者可能会发现，星巴克、麦当劳等消费品公司的账面净资产是负数，这两家公司在报表上是"资不抵债"的。这并不是因为它们的经营状况不好，而是因为它们在历史上曾经有多次股票回购，累计回购金额甚至超过了当初 IPO 融资的金额，把净资产"买"成了负数，此类现象在消费行业诸多"现金牛"身上屡见不鲜。

从理论上说，每个行业都会进入衰退期，但大多数消费品公司其实并不怕衰退。消费是人类生活的永恒主题，某个消费品可能会衰退，但消费行业本身不会衰退。在消费行业某个领域出现衰退之后，一定会有新的领域茁壮成长起来。所谓"春风吹又生"，人们的金钱总要有一个地方去花费，许多投资机会就是在旧行业衰退、新行业崛起的过程中产生的。如索尼公司多年前主要以 Walkman 随身听和特丽珑电视闻名，而如今随身听已经几乎消亡，传统电视出货量也已多年没有显著增长。但索尼生生不息，目前其第一大业务已成为游戏及网络业务，PlayStation 是全球游戏玩家最喜爱的游戏平台之一，未来随着人们文娱消费占比的不断提升，游戏业务将拥有光明的前景。

我们在第 2 章中描述的消费投资心法，也可以与消费行业生命周期联系起来（见表 3-2）。

表 3-2　消费品三条成长逻辑与行业生命周期的关系

成长逻辑	对应行业生命周期	特征	举例
行业规模和渗透率提升	初创期、成长期的早期	风险与潜在回报并存，被市场称为成长股，高 P/E、高增速	医美、新能源汽车等
市占率提升	成长期的中后期	行业马太效应提升，考验综合实力，企业硬碰硬决出行业位次	运动服饰、化妆品等
价格带提升	成熟期	少部分企业通过不断提价实现持续增长，跑赢通胀；可遇不可求	白酒、奢侈品等

首先是行业规模和渗透率提升阶段，对应行业生命周期的初创期和成长期的早期。在这个阶段，新技术、新需求的涌现将带来大量且快速的投资机会，相关标的成为成长股，它们十分诱人也非常危险。这个阶段对应的市场渗透率可从不到 1% 增长到 10% 左右，其间龙头公司有数十倍甚至上百倍的增长空间，比如医美、新能源汽车等。

其次是市占率提升阶段，对应成长期的中后期。在这个阶段，市场将决出位次，马太效应不断提升。这是个硬碰硬的阶段，将不断考验公司在营销、管理、产品、研发等多个方面的综合实力。2021 年的运动服饰、化妆品等行业就处于这个阶段，总体实力较为优秀的李宁、贝泰妮等公司，通过市场份额的不断提升实现了增长。

最后是价格带提升的阶段，对应行业的成熟期。其实大多数消费品公司在这个阶段会变为成长性较差但盈利稳定的"现金牛"，但有一小部分品牌能够通过不断提价持续增长，跑赢通胀，这是可遇不可求的，也是优秀消费品公司的终极形态。拥有持续提价能力的消费品公司大多集中在奢侈品领域，比如茅台、爱马仕等。

第二，我们可以参考海外成熟市场的发展历程，来寻找消费行业的投资机会。

同一个行业在不同地区所处的发展阶段可能截然不同，比如 2021 年电商在我国已经步入成熟期,但在许多海外国家(主要是部分东南亚国家)还处于成长期甚至初创期。"对标海外"这种方法论,本质上就是参考成熟市场的历史,用以预判发展中市场的走势。除了有时会因为地域文化、人口结构等原因出现偏差,这个方法大多数时候是奏效的。

通过这个方法,我们可以提前数年预判到功能性护肤品市场集中程度不断提高的趋势。从图 3-2 可见,在日、美、德、法等发达国家,皮肤学级护肤品市场比整个护肤品市场更为集中,并直接体现为品牌第一名的市占率更高。皮肤学级护肤品专门针对有敏感肌、痘痘肌等特殊肤质的消费者。皮肤学级护肤品龙头企业把功能性、专业度作为自己的卖点,因此实现了更高的市场集中度。对标我国情况,如图 3-3 所示,我国功能性护肤品的龙头品牌薇诺娜(贝泰妮旗下)的市占率也逐年提升,国外此前发生过的事情,在我国护肤品市场中成功复现。

图 3-2　以销售额计算的各国皮肤学级护肤品品牌第一名市占率

资料来源:Euromonitor。

站在 2022 年,我们是否还能通过对标海外的方式,来提前发现消费行业的发展方向呢?答案是肯定的。比较显而易见的方向是医美和餐饮,如第 2 章所言:在医美行业,我国的医美渗透率(体现在人均诊疗次数上)

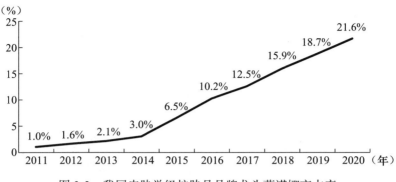

图 3-3　我国皮肤学级护肤品品牌龙头薇诺娜市占率

资料来源：Euromonitor。

远远低于海外国家，随着年轻一代对医美接受程度的提升，我国医美行业的市场规模有望持续增长；在餐饮行业，我国的餐饮连锁化率显著低于海外国家，未来中餐企业实现连锁化提升市占率，或许是一个重要的投资机会。总之，复盘海外成熟市场的发展经历，会给我们分析国内消费行业的发展方向提供大量有价值的思路。

第三，我们可以借助统计局的统计数字，来判断各个行业的景气程度。

与产业链中上游的其他行业类似，消费行业也面临着一定的周期性，但总体上受各种周期的影响要小得多。影响消费的周期包括技术周期、经济周期、库存周期等。技术周期是指技术迭代、新产品取代旧产品的周期；经济周期通过影响人们的消费意愿和消费能力来影响终端消费，大多数消费者的消费顺序是"必选消费—偿债—可选消费—地产保险等金融消费"，越往后的品种受此周期的影响通常越大；库存周期主要由产业链的"长鞭效应"引起，体现为"库存低—扩产能—库存过剩—去产能去库存"的过程，通常每三年左右会经历一轮库存周期。

我们一般通过统计局的统计数据来判断行业的景气程度。国家统计局披露的宏观消费数据主要有三个：社会消费品零售（简称社零）总额、"住户调查"下的人均居民消费支出、GDP 支出法口径下的最终消费支出。这三个数据都能够反映宏观层面的消费景气度，但统计对象、统计方法、统计范围各有不同。

一般来说，我们主要关注社零总额，这个数据反映社会企业销售非生产、非经营的实物商品以及提供餐饮服务所获得的收入。关注社零数据的原因在于：第一，社零数据的更新频率较快，每个月更新一次（除 1～2 月春节期间只更新一次以外），能够迅速地反映消费趋势的变化；第二，它的口径更为详细，每个月都会披露不同类目下限额以上企业的零售总额及同比增速，可以帮助我们具体判断消费行业每个细分赛道的景气程度；第三，它的统计结果准确程度相对较高，因为限额以上口径的数字是由各地的大型企业填表报送而来的，是相对直接的一手统计数据。

表 3-3 是历年各大消费品品类的限额以上企业零售额增速。"限额以上企业"是指主营业务收入超过一定数额的企业，这类企业的零售额由填表报送而来，而非推算得来，具有较高的准确度。从表中可以看出，粮油、食品等刚需消费品是韧性较强的品类，而汽车这类价格较高的可选消费品更容易随经济周期波动。

在消费领域中，什么样的行业值得我们投资？其实这取决于我们想找什么样的投资品。喜欢进攻、风格犀利的投资者可以关注医美、新能源汽车等处于渗透率提升阶段的消费品；风格稳妥的投资者可以选择成熟期的价值股（如大家电）进行投资；均衡的消费者可以选择功能性服饰、功能性护肤品品牌这类处于市占率提升阶段的标的来投资，其具备优异的持续成长能力，也正在不断地创造利润；而行业格局稳定、拥有持续提价能力的白酒等品类，能够跑赢通胀，也具备明显的壁垒和稀缺性，几乎适合绝大多数的投资者。

表 3-3　各品类限额以上企业零售额增速　　　　　　　　　　（%）

品类	2016 年	2017 年	2018 年	2019 年	2020 年	2021 年
粮油、食品类	10.9	10.2	10.2	10.2	9.9	10.8
饮料类	10.5	10.3	9.0	10.4	14.0	20.4
烟酒类	9.3	7.9	7.4	7.4	5.4	21.2
服装、鞋帽、针纺织品类	7.0	7.8	8.0	2.9	-6.6	12.7
化妆品类	8.3	13.5	9.7	12.6	9.5	14.0
金银珠宝类	0.0	5.6	7.5	0.4	-4.7	29.8
日用品类	11.4	8.0	13.7	13.9	7.5	14.4
家用电器类	8.7	9.3	8.9	5.6	-3.8	10.0
中西药品类	12.0	12.4	9.4	9.0	7.8	9.9
文化办公用品类	11.2	9.8	3.0	3.3	5.8	18.8
家具类	12.7	12.8	10.1	5.1	-7.0	14.5
通信器材类	11.9	11.7	7.1	8.5	12.9	14.6
石油及制品类	1.2	9.2	13.3	1.2	-14.5	21.2
汽车类	10.1	5.6	-2.4	-0.8	-1.8	7.6
建筑及装潢材料类	14.0	10.3	8.1	2.8	-2.8	20.4

资料来源：国家统计局。

3.2　消费品公司分类体系：品牌、渠道、供应链

我们的消费研究框架：供应商 – 品牌商 – 渠道商

在 2021 年版申万行业分类中，与消费相关的一级行业有食品饮料、家用电器、纺织服饰、轻工制造、社会服务、商贸零售、美容护理等。对这么多行业逐一展开介绍，显然是不利于大家理解和记忆的。按照在消费产业链上所处的环节，企业由上到下可分为供应商、品牌商、渠道商。三者分别对应产品、品牌、渠道三要素。其中，**品牌是消费者和商家间的信**

用契约，渠道是消费者和商家间的反馈机制，产品是商家对于消费者需求的解读。

供应商负责产品的生产，有时也会负责一部分研发设计工作。国内的知名供应商包括服装产业链的申洲国际、消费数码产业链的立讯精密等。渠道商负责对接供给与需求，把大批量产出的商品零售给终端消费者。国内知名的渠道商包括京东集团、永辉超市等。品牌商通常扮演着渠道和供应链的组织者，一方面要设计产品，寻找代工厂，另一方面也要管理其库存与销售渠道，此外还要负责品牌营销等，并给消费者提供质量背书。国内知名品牌包括服装品牌李宁和安踏、白酒品牌茅台等。

对于长期投资而言，重点是看清投资标的的壁垒和护城河。壁垒通常是企业具备的难以被复制，并能够持续创造超额利润的资产。供应商的壁垒包括规模化生产能力、管理与成本控制能力、研发能力、工艺改善能力等。渠道商的壁垒包括网络效应、渠道效率、覆盖面、组织管理能力等。品牌商的壁垒主要在于品牌认知，它的形成需要时间积淀，不可复制，是品牌溢价的基础，能够持续为企业带来利润和成长；此外也在于销售渠道的建设和管理，这对于即时性消费品类（比如瓶装饮料）而言非常重要。

以上三类企业各自拥有相对固定的商业模式，分析时可套用相似的框架。我们只需要了解供应链、品牌、渠道这三类资产的经营模式、发展现状、经营壁垒和分析侧重点，就足以应对消费行业中的大多数标的。

供应链：中国拥有世界上首屈一指的消费品制造业

供应链主要包括各种原材料供应商和代工厂，它们负责产品的生产环节。比如服装供应链主要包括桐昆股份、百宏实业等原料供应商，以及申洲国际、晶苑国际等成衣制造商。消费品供应链涉及的范围很广，很多科技企业本质上都属于消费品供应链环节。

中国拥有全球领先的制造业和消费品供应链。根据工信部的统计数据，2010～2021年我国制造业连续11年位居世界第一，2020年我国制造业增加值高达26.6万亿元，占全球之比接近30%。工信部2021年的数据显示，我国工业拥有41个大类、207个中类、666个小类，是世界上工业体系最健全的国家；在500种主要工业品中，有40%以上的产品产量位居世界第一。

消费行业的定价权通常由品牌和渠道环节掌控，供应链环节的议价能力比较一般，产品出厂价主要依据成本而定。因此，供应链企业的毛利率通常较低，盈利能力短期受到上游价格波动的影响，长期受制于人工成本提升的挤压。想要持续实现盈利，需持续优化生产过程中的每个细节，并保证充足的产能利用率。

供应链企业的核心壁垒包括规模化生产能力、管理能力、成本控制能力、研发能力和工艺改善能力等。 规模化生产能力反映企业的产能，即能否按时交付并保证品质达标。只有规模化生产能力强的企业，才能慢慢跻身品牌的核心供应商。管理能力非常重要，供应链企业通常需要雇用大量工人，比如2020年6月华利集团（耐克等品牌的运动鞋供应商）拥有11万名员工，其中超过10万名为生产制造员工，这对企业管理能力提出高要求。成本控制能力直接关系到供应商的利润，制造环节整体利润率不高，最终盈利水平很大程度上由企业的成本控制能力决定。研发能力、工艺改善能力近年来变得越来越重要，品牌方会把一部分设计工作（如打样等）交给供应链企业负责，有时也会购买代工厂的方案，未来研发能力或将成为供应链企业之间决出胜负的关键要素。

发达的制造业为我国的消费行业提供了大量物美价廉的商品供给，但酒香也怕巷子深，要充分发掘"中国制造"这个金矿，亦需从品牌和渠道方面着手。从消费行业的价值链来看，利润空间最高的环节往往是品牌和渠道，而非制造。以运动鞋为例，头部品牌运动鞋的终端零售价动辄高达500～1000元，但平均出厂价仅约为80元。消费者显然愿意为这些出厂价约80元的鞋子支付几百元甚至上千元，前提是有品牌、有渠道。而我国本土的消费行业在品牌环节整体较为薄弱，其一大原因是形成品牌需要时间积淀。没有品牌、没有销路是国内优质制造商遇到的最大的问题，大量工厂只能帮海外品牌干苦力活，而拿不到品牌订单的工厂只能艰难度日，这甚至一度催生了"山寨"这种畸形业态。

我国消费品制造业是一座大金矿，制造业品牌化、拼多多崛起、跨境电商高速成长等投资机会，都与发达的制造业有关。虽然供应链的利润只占消费行业的一小部分，但是供应链的优质产品兑现价值，有望成为未来我国消费行业发展的大方向。

渠道：电商是中国消费行业中的核心变量

渠道包括商超、百货、经销商、电商平台等。渠道的核心作用是将终端消费者与品牌和厂家对接起来，将批量生产的商品零售给消费者。商超（如永辉超市等）、百货（如百联股份等）、经销商（如滔博体育等）、电商平台（如天猫、京东等）、在电商平台上开店的店家和服务商（如壹网壹创等），都属于渠道商的范畴。

渠道可分为线上渠道和线下渠道，按照经营模式又可分为自营（经销）模式和平台（租赁）模式。对于不同类型的渠道，我们的关注重点有所不同。

对于线上渠道，我们关注规模、流量和变现能力。**线上渠道的壁垒在于网络效应、变现能力、反馈效率、用户习惯等**。网络效应非常关键，用户越多，商家越多；商家越多，用户越多。在线上渠道中，消费者获得的效用与使用该平台的其他用户人数具备相关性，因此线上渠道的规模（主要用 GMV[○]衡量）和流量（主要用活跃用户数衡量）是核心指标。变现能力反映渠道的利润率和货币化率，直接决定了企业的盈利能力。反馈效率指渠道把信息传递给商家、供应商的速度，这将影响渠道的整体经营效率。用户习惯反映了消费者对渠道的倾向性，这将显著影响渠道的流量。

线下渠道的壁垒在于经营模式、规模、渠道覆盖面、经营效率、组织管理能力、用户习惯等。我们首先要弄清楚渠道是自营的还是加盟的：自营投入高、经营杠杆大，但企业对门店的把控可以做得更到位；加盟相当于自带财务杠杆，扩店所需投入小，但需要关注加盟协议的细节，以及企业对加盟商的管理能力。其次，关注门店数量的多寡以及分布情况，门店的扩张需要时间，覆盖面大是线下消费业态的重要壁垒，此外扩店是线下消费最直接的增长方式。接着，我们要关注门店的经营效率，核心指标包括坪效、店效等，以此考量门店经营的健康程度。单个门店亏损并不可怕，但多个门店一起亏损就说明单店模型出了问题，这是很要命的。最后，我们关注渠道的组织管理能力和用户习惯等。组织管理能力可通过横向对比相似企业的费用率来衡量；用户习惯主要基于大家在日常生活中对各个渠道的理解，比如"超市的菜没有菜市场的新鲜，所以尽量去菜市场"就是一个用户习惯。组织管理能力和用户习惯都可以通过业内人士的观点来进行辅助佐证。

自营渠道的壁垒在于经营效率、规模、渠道覆盖面、用户体验等。所谓自营，就是企业通过低买高卖的形式获利，同时承担存货风险。通常这个买卖价差并不会很大，因此经营效率上的微小差异，最终可能给利润带来大变化。很多自营企业的净利润率仅为1%～2%，可能每人多要几个塑料袋，企业就会亏损。经营效率是企业长年累月抠细节抠出来的，难以复制。规模与渠道覆盖面之间存在联系，通常渠道覆盖面大了，规模才能上

○ 成交总额。

来。渠道覆盖面决定有多少消费者能前来购物；规模一方面决定了渠道议价能力，影响进货价，另一方面对于摊薄固定成本意义重大（自营渠道的经营杠杆通常比较高）。用户体验的好坏、用户习惯的形成与改变，是决定渠道长期存亡的重要变量。

平台模式的壁垒主要在于流量及规模（网络效应）、变现能力。 线上平台和线下商铺租赁是同一种商业模式，都在为经营者提供流量，并向其收取流量费用。收费的多少很大程度上取决于平台提供流量的价值，而平台所具备的流量在一定程度上取决于网络效应。线下商铺也类似，租金多少由商铺人流量而定，而人流量通常取决于聚集效应。对于平台模式的渠道而言，运营组织能力也很重要，它将在更长的周期里决定渠道的人气，并关系到渠道的价值。总的来说，我们要关注的指标是GMV（反映规模）、活跃用户数（反映流量）、货币化率（反映变现能力）。

根据线上和线下、自营和平台两个维度，可以将渠道分为四类，具体见表3-4。

表 3-4　消费渠道分类

类别	壁垒	核心指标	举例
线上平台	网络效应（规模与流量）、变现能力、运营组织能力等	GMV、活跃用户数、货币化率	天猫、拼多多
线上自营	网络效应、经营效率、用户体验等	GMV、用户数、利润率、用户评价	京东自营
线下租赁	人流量、变现能力、运营组织能力等	物业的位置、租金	万象城等购物中心
线下自营	规模、渠道覆盖面、单店模型、经营效率、用户习惯等	门店数量、坪效、店效、利润率	永辉超市等

我国的零售渠道最为特殊之处在于电商。 中国电商的发达程度世界领先，销售额和渗透率都是世界第一（见图3-4）。先进的电商行业也为我国

带来了领先的互联网文化,并加快了快递、移动支付等基础设施的完善。线上生意在多个方面与线下生意有本质上的不同,比如线上店铺的辐射范围更广,可影响到全国甚至国外的网购消费者,而不像线下的店铺那样只能覆盖有限的范围。电商这一大变量已经对我国整个消费行业的走势产生了影响,零售的运营重心、品牌的品宣玩法都和国外变得不一样了,这也给更熟悉互联网文化的本土品牌带来了成长的良机。

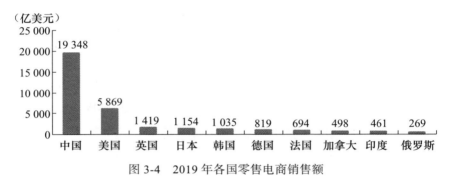

图 3-4　2019 年各国零售电商销售额

资料来源:eMarketer。

渠道变革永不停歇,每次渠道变革都蕴藏着巨大的机会。 大家曾多次认为"消费渠道就这样定下来了,以后不会再发生变化了",但又惊讶地发现新渠道的崛起。比如在 20 世纪 80 年代的美国,正在大家都认为连锁超市将成为未来超市行业的主流,沃尔玛的龙头地位将持续稳固之时,开市客成立了,并通过独特的仓储会员店风靡北美;又比如在 2017 年的中国,正在大家都认为电商的未来就是阿里巴巴和京东双雄争霸之时,拼多多强势崛起,并迅速席卷全国(见图 3-5)。总之,零售渠道总会在大家意想不到的时候发生变革,同时给具备先见之明的投资者带来巨额的投资收益。

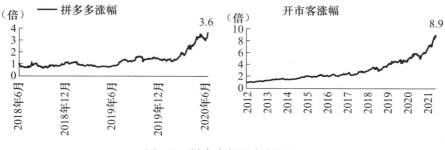

图 3-5 拼多多与开市客涨幅

资料来源：Wind。

渠道发生变革的时候，不仅是投资渠道的机会，也是投资品牌的机会。在渠道成熟且结构稳定的环境下，通常在每个渠道里都形成了具备较高话语权的品牌，中腰部品牌超车的机会不大。而在渠道发生变革的时候，中腰部品牌"船小好掉头"的优势就体现了出来。在新兴渠道中尚未形成品牌格局的时候，实力强、适应性强的品牌往往会迎来发展的良机。

品牌：品牌认知带来溢价

毋庸置疑，品牌是消费产业链中的重要环节，我们每天都会接触到"品牌"这个概念。消费者根据品牌来评价和挑选商品，制造商在品牌的组织下完成生产，经销商在品牌的管理下销售商品，可以说品牌是消费产业链的枢纽。

品牌的壁垒，很多时候就是品牌本身。品牌代表的是消费者的一种认知，人们会认为"这个品牌的东西质量好"，或者觉得品牌有档次，能给自己的形象加分，因此愿意为品牌商品支付溢价。而品牌认知的形成是相当困难和复杂的，绝不是靠营销宣传、设计研发、产品质量、渠道覆盖之中某个单一维度的优势就能形成的，而是通过包括以上所有元素在内的各种品牌动作，在长年累月不断与消费者产生互动，并赢得消费者群体的肯定和好感后,方能形成。

本书用"品牌计分板"作为描述"品牌资产"的研究范式(见图3-6)。品牌的利润和价值来自品牌溢价,而品牌溢价的产生关乎品牌认知。品牌认知本质上代表的是品牌的每一个动作(如标识、产品、营销广告等)在时间上的积淀,每个动作都会得到消费者的反馈,超出消费者预期就加分,反之扣分。所有动作形成的消费者动态认知的集合,形成品牌认知。

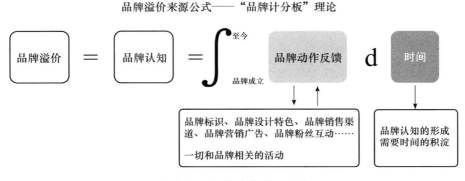

图 3-6 "品牌计分板"理论

"品牌计分板"理论告诉我们:

1)品牌溢价的形成并非单纯由用料成本、设计、营销中的某个单一因素造成,而是通过所有品牌动作(包括设计、制造、宣传、销售等所有环节)不断和市场交互反馈,长年累月积淀而成的。

2)品牌认知具备时间维度。可以把品牌认知想象成一个计分板,有的动作得分,有的动作减分。品牌认知是品牌动作反馈的最终得分,包含动作和时间两个维度。

3)只有在对的时候做对的事才能得分,品牌资产难以复制。比如,商家在2000年前投放央视广告,在2010年前投放淘宝直通车(买搜索排名),大概率是高分动作,但放在此时此刻就未必了。

非常重要的一点是品牌的时间价值。在"品牌计分板"上攒下足够的分数是一件需要时间积淀的事情。只有在对的时候做对的事,才能得分,所以许多历史悠久的品牌是不可能被复制的,因为它们的形成有着复杂的历史渊源。2022年初茅台的市值是2.3万亿元,但不论给谁5万亿元的翻倍预算,都绝无可能复制出另一个茅台。

品牌资产的核心在于品牌认知,主要体现在品牌的规模和溢价能力上。一个优秀的品牌不但要具备足够的规模及相应的规模增速,也要有领先的定价能力、溢价能力、涨价能力。具备一定的规模是一个品牌存在的必要条件,不成规模,难言品牌。品牌的销售规模是消费者用真金白银买出来的,是品牌认可度的一个直接体现。定价能力即"说一不二"的能力,只要定了10元的建议零售价,就不会以9元卖出去,体现为打折少、力度小。溢价能力强是指毛利率高,比如出厂价为5元的东西,可以凭借品牌力以10元甚至20元的高价卖出。涨价能力是指能让消费者接受持续涨价,这是最为稀缺的能力,只有部分高端白酒和传统奢侈品等极少数品牌具备这样的能力。

总之,品牌是历史上牛股辈出的一类资产,具备良好的模式,也容易诞生基业长青的伟大企业。品牌企业的特点是高毛利、高费用率、高ROE,在成熟的品牌标的中,也不乏大量的"现金牛"企业。品牌商的高毛利来自其定价能力,其商品的零售价格通常并非由成本决定,而主要考量产品定位、品牌区隔、目标消费者群体的需求等。如果品牌依据成本来定价,那么商场里大小不同的衣服应该卖不同的价格才对。不按成本定价给品牌带来了产业链中最大的利润空间。品牌必须持续进行营销投放来维持其存在感,从而维系和提升品牌认知和品牌定价能力,这带来了较高的营销费用率。品牌作为一个能够持续创造利润的资产,却不被计入报表之中。ROE=净利润÷净资产,由品牌资产带来的那部分利润会抬高ROE。

优秀的品牌企业通常具备较高的ROE。品牌企业中浮现了大量的"现金牛",因为品牌的持续经营通常并不需要持续的资本性投入,经营产生的利润基本上都是自由现金流。

不论是渠道、供应链还是品牌,都曾经产生过大量具备独特优势,并给投资者带来丰厚回报的公司。表3-5列举了一些消费领域的优秀公司,包括阿里巴巴、京东、李宁、安踏、珀莱雅、贝泰妮、申洲国际、华利集团等,这些公司位于消费产业链的不同环节,都具备独特的壁垒。

表3-5 部分品牌、渠道、供应链公司的核心优势

环节	企业	核心优势
渠道	京东	我国前三电商平台中唯一的自营电商,具备自建的履约体系,通过"211限时达"保证用户体验,并实现良好的成本控制
	阿里巴巴	我国最大的电商平台,有无与伦比的品牌宣传能力,这不仅得益于庞大的用户规模,也得益于多年经营的积累;平台绑定了各个品类主要的品牌商,并持续产生利润
品牌	李宁	历史悠久的运动品牌,国潮元素的直接代表,具备领先的品牌认知,产品力优势明显
	安踏	管理运营整合能力突出,已经构建了多品牌矩阵,旗下品牌包括安踏、FILA、迪桑特、始祖鸟等
	波司登	羽绒服赛道中家喻户晓的品牌,制造工艺优秀,产品力强,高端产品增长迅猛带动价格带持续提升,品牌力逐渐得到用户认可
	珀莱雅	线上运营能力强,大单品战略提升品牌黏性,价格带稳中有升;在抖音等新平台上迅速增长;多品牌矩阵全方位满足用户需求
	贝泰妮	功能性护肤品龙头,产品具备"敏感肌"标签,通过产学研结合强化用户认知,强调专业性,牢牢绑定敏感肌用户群体
供应链	申洲国际	与优衣库、耐克等品牌合作多年的核心供应商,制造实力优秀,管理能力突出,费用率控制良好,净利润率在供应链企业中一枝独秀
	华利集团	与耐克、匡威等品牌合作多年的核心供应商,规模化生产能力强,组织架构、劳动力资源利用等方面效率高

3.3 读懂数字，看清公司

本节介绍如何通过上市公司披露的各类财务数据和经营数据，看清公司的经营情况。上市公司的数据主要包括财务数据和经营数据。财务数据指三张合并报表（利润表、资产负债表、现金流量表）披露的数据，比如收入、利润、存货、现金流等，以及根据报表上的数据算出来的比率，比如毛利率、净利率、营运周期、ROE等。经营数据指三张表之外的重要数据，如门店数量、员工数量、坪效、店效等，主要来自上市公司财报的业务概要或经营情况分析等章节，也可来自上市公司官网、官方微信公众号等渠道。

财报和公告是分析上市公司时最重要的文字资料，而且都是免费可得的公开信息。A股公司的财报和公告可以在巨潮资讯网上下载，港股公司的财报和公告可通过港交所官网下载，美股公司的财报和公告可在对应公司的官网上找到。

一份财报通常包括重要提示、释义、公司简介和主要财务指标、公司业务概要、经营情况讨论与分析、重要事项、股份变动及股东情况、优先股情况、员工情况、公司治理、债券相关情况、财务报告、备查文件目录等。其中比较重要的内容包括经营情况讨论与分析、主要财务指标以及财务报告等。

以贵州茅台2020年年度报告为例，翻开财报首先会看到重要提示，其中包括会计师事务所的审计意见、现金股利和股票股利的派发情况等关键信息。我们先要找到这句话：

> 天职国际会计师事务所（特殊普通合伙）为本公司出具了标准无保留意见的审计报告。

标准无保留意见代表对报表的质量满意，如果未获得标准无保留意见，则说明财报中的某些地方是有问题的。

重要提示之后是目录，贵州茅台 2020 年年度报告的目录如图 3-7 所示。

第一节	释义	4
第二节	公司简介和主要财务指标	4
第三节	公司业务概要	7
第四节	经营情况讨论与分析	7
第五节	重要事项	17
第六节	普通股股份变动及股东情况	31
第七节	优先股相关情况	35
第八节	董事、监事、高级管理人员和员工情况	36
第九节	公司治理	42
第十节	公司债券相关情况	44
第十一节	财务报告	45
第十二节	备查文件目录	120

图 3-7　贵州茅台 2020 年年度报告目录

公司简介和主要财务指标关注主要会计数据，可清楚看到营业收入、归属于上市公司股东的净利润、经营活动产生的现金流量净额、总资产及它们的同比变动情况（见图 3-8），有助于我们快速了解公司的经营情况。我们还可以在公司简介中找到公司的联系方式，若对公司的经营情况有疑问，投资者可拨打相应的电话，或在投资者交流平台上与公司互动。

公司业务概要主要包含公司对其主要业务的介绍。如果公司业务没有发生重大变化，那么这一段的内容可能会连续很多年没有大变化。当然，在初次分析一家公司的时候，可以从此处入手来了解公司的主要业务。

经营情况讨论与分析是非常重要的一节，其中最重要的当数管理层对经营情况的文字分析。有关经营情况信息的利用，我们将在后文中详细展开。本节亦会披露大量的经营数据，包括重要的收入和成本的构成，这有助于我们厘清公司的业务条线，以及各个条线的经营情况和增长情况（见

图 3-9）。(前五大）主要客户、主要供应商情况也很关键，一方面看采购和销售的集中程度，另一方面也可以通过前五大供应商的构成情况来辅助判断公司主要业务的经营实质（当然大多数时候企业只会在招股书中披露前五大客户具体是谁）。前五大供应商、客户的成交额数据有时也可以用来做交叉验证，比如若上游企业前五大客户和下游企业前五大供应商有重合，可以对比双方报表中的数据，这可以用来大致判断双方报表的数据质量。

七、近三年主要会计数据和财务指标
（一）主要会计数据

单位：元 币种：人民币

主要会计数据	2020年	2019年	本期比上年同期增减（%）	2018年
营业收入	94,915,380,916.72	85,429,573,467.25	11.10	73,638,872,388.03
归属于上市公司股东的净利润	46,697,285,429.81	41,206,471,014.43	13.33	35,203,625,263.22
归属于上市公司股东的扣除非经常性损益的净利润	47,016,420,742.73	41,406,909,012.08	13.55	35,585,443,648.60
经营活动产生的现金流量净额	51,669,068,693.03	45,210,612,632.56	14.29	41,385,234,406.72
	2020年末	2019年末	本期末比上年同期末增减（%）	2018年末
归属于上市公司股东的净资产	161,322,735,087.56	136,010,349,875.11	18.61	112,838,564,332.05
总资产	213,395,810,527.46	183,042,372,042.50	16.58	159,846,674,736.01
期末总股本	1,256,197,800.00	1,256,197,800.00		1,256,197,800.00

图 3-8 贵州茅台 2020 年主要会计数据

资料来源：贵州茅台 2020 年年度报告。

2. 收入和成本分析
（1）主营业务分行业、分产品、分地区情况

单位：元　币种：人民币

主营业务分行业情况						
分行业	营业收入	营业成本	毛利率（%）	营业收入比上年增减（%）	营业成本比上年增减（%）	毛利率比上年增减（%）
酒类	94,821,999,102.45	8,083,371,418.24	91.48	11.10	9.76	增加0.11个百分点
主营业务分产品情况						
分产品	营业收入	营业成本	毛利率（%）	营业收入比上年增减（%）	营业成本比上年增减（%）	毛利率比上年增减（%）
茅台酒	84,830,936,002.19	5,100,340,201.05	93.99	11.91	8.24	增加0.21个百分点
其他系列酒	9,991,063,100.26	2,983,031,217.19	70.14	4.70	12.45	减少2.06个百分点

图3-9　贵州茅台2020年主营业务分行业、分产品情况

资料来源：贵州茅台2020年年度报告。

重要事项统计了公司的历史股利分配方案、承诺履行、会计师事务所聘任情况、关联交易、收并购事项等内容，这部分的很多内容在此前的公告中披露过了，投资者可利用本节查漏补缺，同时也需关注在本节中是否有可能给经营、股价带来风险的事件。

普通股股份变动及股东情况展示了公司前十大股东、前十大流通股东的变动情况，我们一般关注实控人背景、新增大股东情况、原有大股东股份变动或质押等信息。

董事、监事、高级管理人员和员工情况是相对比较重要但分析起来有难度的一节。所谓"事在人为"，公司经营情况的好坏很大程度上取决于员工的能力及动力。在这部分中我们可以看到公司高管的简介、变动情况，以及员工人数及构成。人数和构成都是重点，通常一家业务不断扩张的公司，员工数量会不断增多，尤其是业务部门的员工。

财务报告是年报的核心，我们将在后文详细展开介绍如何读懂消费品公司的财务经营数据。

关注财报中的文字信息

财报中的文字包含了大量的经营信息，有时候能领先于统计数据，折射出企业经营环境的变化。我们在阅读各类财务经营数据之前，可以先看公司管理层对公司自身经营的分析。这部分内容一般在第四节"经营情况讨论与分析"，当然也在各种"致股东的信"中。贵州茅台2020年的经营情况讨论与分析如下，可见虽然行业受到了疫情的影响，但管理层对公司整体业绩还是比较满意的：

> 2020年，极不平凡、极不容易，面对前所未有的新冠肺炎疫情和艰巨繁重的改革发展任务，公司坚持以习近平新时代中国特色社会主义思想为指导，认真贯彻落实省委、省政府决策部署，围绕"计划不变、任务不减、指标不调、收入不降"工作目标，感恩奋进、砥砺前行、笃定实干，在逆境中超额完成年度主要目标任务，取得了令人欣喜的成绩，奠定了"十四五"发展的坚实基础。

阅读经营情况讨论与分析的方法：竖着读、横着读。竖着读指依次阅读公司历史上各个年度的经营情况讨论与分析，弄清楚公司经营和业务发生变化的脉络，并尽量和各个时期的经济大环境对应起来，找到决定行业、公司经营的关键变量。横着读指阅读同一个时期行业同业企业的经营情况讨论与分析，了解彼此之间的竞争情况，并对每个时期的行业景气度进行全景扫描。

决定一家公司能完成多少业绩的因素有很多，但其中的核心变量很少。研究公司的时候要抓大放小，要抓住最重要的变量，并对这些变量进行紧密跟踪。这些变量如何找？从经营情况讨论与分析中寻找答案是一个好方法。经营情况讨论与分析是一个必读章节，其中的很多文字及观点有可能出自公司董事长之手，或来自关键业务条线的直接负责人。本节能够帮助我们对行业的景气度做出一个基本的判断，并揭示造成公司业绩好坏的核心变量。比如2021年各大纺织企业半年报的经营情况讨论与分析几乎都提到了三个关键的变量：下游品牌方的需求、上游原材料价格、海运价格。可以认为，这三个变量就是决定这些企业在未来一定时间内经营好坏的核心所在。服装产品下游需求旺盛、终端销售情况良好、上游原料和海运价格回落，意味着这些企业的经营状况很可能会变好。

阅读和分析各项经营数据的思路也大致如此：基于数据弄清楚经营模式，找到影响经营情况好坏的核心变量，然后通过观察这些核心变量，做出比市场一致预期更准确的判断。

利润表：主要关注收入规模及增速、利润规模及增速、毛利率、净利率和费用率等

在利润表中，最重要的两个原始数字是营业收入和归属于母公司股东的净利润（简称归母净利润）的数字。我们除了关注这两个数字本身，更要关注它们的同比增速。在大多数情况下，同比增速比数字本身更加重要。同比增速更加直观和可比：今年的增速相比去年是变快了还是放慢了，相比同行或行业整体水平是领先还是落后，是收入增速更快还是利润增速更快？以上问题都是我们要思考的。

利润表中其余的项目，我们主要关注其占营业收入的比率，以及比率的变动趋势。比如我们不太关注营业成本，但更关注毛利率（1- 营业成本 ÷ 营业收入）。同理，我们不太关注销售费用、研发费用、管理费用，而更关注销售费用率、管理费用率和研发费用率。分析各项比率的方法同样是纵向比较和横向比较。纵向比较指的是与同一家公司的历史数据进行对比；横向比较指固定一个时间周期，和同业其他公司进行对比。

图 3-10 所示为一个基本的消费品利润表分析框架。

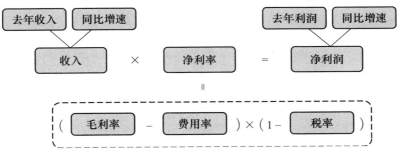

图 3-10　消费品利润表分析框架

资料来源：Wind。

收入反映企业的整体经营规模，企业的成长首先要体现在收入规模的增长上。对于消费品企业而言，收入上升通常意味着卖出了更多的产品，有时收入规模就是企业的壁垒所在。于品牌企业，收入规模增长通常意味着消费者对其总体认可程度提升；于线上渠道，收入规模增长意味着流量的增长和网络效应的扩大；于线下渠道，收入规模增长通常来自门店数量增长、覆盖面提升，或坪效、店效的增长；于供应链企业，收入规模增长则意味着得到更多的下游订单，并有望带来规模效应。

毛利率是非常重要的指标，具备一定的前瞻性。一般来说，渠道和品牌企业的利润率是比较稳定的，收入增速会与利润增速相匹配。当两个增速不匹配时，除了非经常性费用、财务费用发生改变的少数情况外，利润率会发生变化。此时我们要去溯源，看是哪一个环节的成本、费用率发生了变化。此时毛利率是最重要的指标，因为它具备前瞻性。在行业转好时，需求会率先增长起来，但企业的产能扩充难以快速跟上，此时产品价格上涨，毛利率率先提高，此后企业扩产，兑现利润；反之，毛利率将率先下降。

对于供应链企业而言，通常影响毛利率的因素从大到小分别是：①销售情况，当行业需求变好的时候，价格提升，体现为毛利率增长；②原材料价格，当原材料降价幅度大于产品降价幅度时，毛利率将会增长；③规模效应降低生产成本。对于渠道企业而言，平台模式、租赁模式、联营模式的毛利率高于自营，而自建门店的毛利率大于加盟门店。很多公司同时采用多种模式经营，且不同的品类毛利率通常不一样。当毛利率发生变化时，要先弄清楚这是由结构变化导致的，还是因为经营基本面重大变化而产生的。

费用率反映企业综合管理水平，同类企业中管理水平高的企业，费用率通常更低。这些企业通过费用率的优势，获取了高于行业的利润率。费用会包含一部分固定成本，因此规模效应的提升通常将在一定程度上摊薄费用率。品牌和渠道类消费品公司的销售费用率比较高，品牌公司的销售费用主要来自营销投放等，线下渠道公司的销售费用来自门店租金和折旧、店内员工的工资等。在分析销售费用的时候，我们要特别注意物流费用的处理方法，在2020年1月1日开始执行的新准则中，物流相关费用从销售费用转移到了营业成本，而一部分海外公司仍然记在销售费用中，这一点我们在做横向、纵向对比的时候要特别注意。

销售费用率有时候有前瞻指导意义：当企业准备大干一场时，通常会招聘更多的销售人员，拥有线下门店的企业会开设更多的店铺，而在兑现收入之前，人员、门店的增量开支都会体现在销售费用率的提升之中。此时，销售费用率的提升代表企业在用真实行动表明其预判未来的经营趋势将会好转。但销售费用率的提升也可能代表行业竞争变得更激烈了，导致门店租金提升、广告开支提升等，而这是行业景气度出现向下拐点的信号。具体是哪种情况，需要结合销售人员数量等其他信息来综合判断。

从整体上看，消费行业具备轻微的季节性。如图3-11所示，四季度是零售额最高的季度,而其他三个季度差不多;四季度比其他季度大约高20%。当然,这是大众消费品的整体情况,具体到细分赛道,情况会有所不同。比如啤酒、冷饮的旺季在夏季,而服装的旺季通常在冬季。企业会根据季节性对生产经营做出调整,比如提前备货等。一些旺季在四季度的企业,在三季度会提前备货,这在报表中体现为存货增长、费用提前计提等。

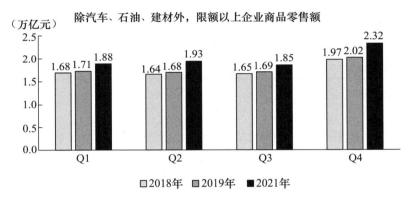

图 3-11　我国商品零售额的季节性分布

资料来源:国家统计局。

在分析完以上内容之后,我们还要将收入和成本拆分到每个业务或每个渠道,并对其逐一分析。一般来说,我们会根据公司财报(主要是年报和半年报中)额外披露的主营业务构成和重要经营数据进行拆分。

首先,按业务(产品)拆分。在这一步我们要弄清楚:① 公司的主要收入来源,每个业务的收入及收入占比;② 主要的增长点,即每个业务的增速;③ 哪个业务利润率高,即每个业务的毛利率;④ 公司的主要利润来源,一般通过毛利构成来判断。表3-6以申洲国际收入拆分作为简单示例,可见公司主要的收入来源是运动服饰,而2020年增速最高的业务是内衣和其他针织品。

表 3-6 申洲国际各业务收入拆分

业务	2016 年	2017 年	2018 年	2019 年	2020 年
运动服饰（百万元）	9 816	12 049	14 276	16 322	15 941
YoY（%）	22	23	18	14	−2
休闲服饰（百万元）	3 886	4 601	5 167	5 388	4 481
YoY（%）	12	18	12	4	−17
内衣（百万元）	1 293	1 303	1 328	803	1 033
YoY（%）	27	1	2	−40	29
其他针织品（百万元）	104	133	179	153	1 576
YoY（%）	−8	28	35	−15	930

资料来源：Wind。

其次，按渠道拆分，即按照不同的渠道进行逐一拆分，弄清楚每个渠道的收入、增速、毛利率，以及相应的收入占比和毛利占比。不同的渠道会有不同的成本和费用结构，如果不拆清楚，分析就没有意义。在表 3-7 中，我们以周大生作为渠道收入拆分的简单示例，可见公司的主要经营模式是线下加盟，近年来自营收入呈下降趋势，此外线上渠道持续增长的势头非常强劲。

表 3-7 周大生各渠道收入拆分

渠道	2017 年	2018 年	2019 年	2020 年
线下加盟（百万元）	2 403	3 247	3 621	3 202
YoY（%）		35	12	−12
线下自营（百万元）	1 017	1 127	1 095	720
YoY（%）		11	−3	−34
线上渠道（百万元）	283	350	501	971
YoY（%）		24	43	94

资料来源：Wind。

以上两个拆分步骤进行完毕之后，我们可以进一步按照"量 × 价"对收入进行拆分，即拆出销量和单价。有时候财报只披露了销量，这时候我们可以用销售额除以销量来估算单价。我们可以纵向观察每个产品的销量、单价、毛利率在历史上的变动关系，以及相互之间的关联性。"量 × 价"也可以按其他方式来进行展开，比如"店铺数量 × 单店收入"，或者"经营面积 × 坪效"等。这里的关键在于找出公司的增长驱动力，发掘不同经营指标之间的关系，并找出决定公司业绩的核心变量。

资产负债表：关注营运能力指标

观察资产负债表，第一个项目是现金及现金等价物。这是一个相对重要的指标，是否有足够的现金关系到企业能否持续正常运转。对于一些处于初创期亏损阶段、现金还不断流出的企业，我们可以用现金流和账面现金的数据大致估算企业现有资金还能支撑多久；对于需要开设大量线下自营门店的企业，我们可以通过在手现金和开设新店所需的资金，来估算现有资金能支撑多少新店。有了以上数据，我们可以大致估算出企业未来的融资节奏。当然，大多数处于成长期或成熟期的消费品公司都拥有良好的现金流，不需要太多的融资，资金链也很少出现问题。

资产负债表中的营运能力指标会耗费我们大量的分析时间，这些指标主要包括：存货、应收账款、应收票据、应付账款、应付票据、预收款项、预付款项等。对于这些指标，除了关注其绝对值之外，更重要的是关注其周转速度指标（如周转率、周转天数，二者的区别仅为展现方式不同，乘积为365）。

存货是一个需要特别小心的科目，其金额和周转天数都要关注。第一，一部分消费品存在保质期或时间价值，老库存过多将有可能导致存货减值损失，而如果清仓甩卖，则有可能带来直接亏损，并影响品牌价格带。第二，存货过高会占用企业的运营资金，影响运营效率。

存货一般可以分为三类：原材料、在产品或半成品、产成品（包括库存商品和发出商品）。图 3-12 所示是华利集团 2021 年半年报中的存货明细，从中可以看出一家公司的存货构成。原材料一般来说比较稳定，而原材料的金额提升，一般是企业备货的体现。生产型企业在下游需求转好，即将签署大订单，或者预判原材料价格上涨的时候，都有可能加大备货量。周转天数要同比比较，季度环比有时意义不大，因为部分有季节性需求的企业会根据生产周期提前备货，比如啤酒主要在夏季消费，企业通常会在 3 月前后开始备料。在产品或半成品的周转天数可以一定程度上表征企业的生产周期，我们可以通过生产的时间周期对未来的产量进行预判，比如通过白酒的基酒产量和存量预判未来出货量。产成品的周转反映企业的库存情况，对于存在存货贬值风险的行业，比如零售业、服装、农业和食品业，要重点关注产成品及其减值风险；但白酒行业基本无须过于关注产成品存货。

单位：元

项目	账面余额	跌价准备	账面价值
原材料	786,488,847.27	107,961,288.92	678,527,558.35
在产品	640,994,382.20	3,674,758.74	637,319,623.46
库存商品	671,224,097.82	3,902,037.86	667,322,059.96
发出商品	340,836,508.47	3,123,659.07	337,712,849.40
周转材料	7,180,645.96	0	7,180,645.96
合计	2,446,724,481.72	118,661,744.59	2,328,062,737.13

图 3-12 华利集团 2021 年半年报中的存货构成

资料来源：华利集团 2021 年半年报。

应收应付款项、预收预付款项代表着企业的行业地位。在产业链中地位越高，就越能够占用上下游资金，体现为预收款项和应付款项高，而预付款项和应收款项少。在一般状况下，预收款项、预付款项不太常见，就算出现金额也不会很大。在企业一般的经营之中，碰上"非预付不可"的情形是比较少见的，除非出现严重的供不应求（比如 2021 年的海运）。教育等一部分行业会产生较高的预收款项，来自学生垫付的学费，对这类企业的预收款项要重点跟踪，因为其往往预示着来年的收益。应收应付款项是比较常见的项目，一般来说经营情况良好的成熟企业，应收应付款项的周转率都比较稳定。我们要关注净营业周期，它是存货周转天数 + 应收账款周转天数 – 应付账款周转天数。该指标为正，意味着企业在日常经营过程中要给上下游垫付一定的资金，或预先准备一部分存货。这类企业在扩张时需要不断投入资金，因为随着营业规模的不断扩大，占用营运资金的规模也会不断增长。反之，若净营业周期为负，企业将随经营规模的不断扩大而产生一部分正的经营性现金流。

现金流量表：消费赛道频出"现金牛"

现金流是企业的血液，作为股东，我们不但要关注企业的归母净利润，也要关注现金流的情况。海外的经营分析和估值体系比较喜欢用自由现金流，即企业经过一年的经营后可以用来分配给股东或债权人的现金。而在国内现行管理下，我们更多地关注现金流量表中的经营活动净现金流量。经营活动净现金流量的数值通常会高于净利润，因为净利润不会包括企业的折旧摊销费用。消费品企业一般不需要持续投入现金以更新设备，因此投资、筹资活动产生的现金流量通常都不会太高。此外，一部分产业地位较高的消费品企业（主要是大品牌和上市的大渠道商）能够占用一部分上下游资金，随着经营规模的扩张而产生正的经营性净现金流。综上所述，许多消费品牌和渠道标的都具备较好的现金流量，有成为"现金牛"的潜力。

如何看待消费行业的 ROE

ROE 是一个非常重要的财务指标，由净利润除以账面净资产得来，其含义是"股东每投入 1 元钱，每年能够产生多少净利润"。ROE 还表征企业自然增速的天花板：假设企业新业务的 ROE 等于原有业务，那么如果企业将每年的利润都投入到再生产中，所能带来的业绩增速就等于该 ROE，而我们知道新业务的 ROE 通常不会高于原有业务，因此 ROE 通常被认为是企业自然增速的天花板。

我们很容易注意到消费品企业（尤其是优秀的品牌）的 ROE 通常都比较高，因为品牌资产能够持续给企业创造利润，但不会被记作企业的资产。因此品牌价值高的企业，一般都具备较高的 ROE。

而渠道企业的 ROE 普遍比较低，尤其是拥有自营门店的渠道，这主要是受到营运资金的拖累。以加盟模式扩张的企业能够实现较高的 ROE，这是因为与门店相关的固定资产和与存货相关的流动资产主要由加盟商来承担。我们也可以这样理解：加盟模式相当于上了个杠杆，而 ROE 与杠杆率正相关，因此加盟的 ROE 大于自营门店。

我们一般会比较看重供应链企业的 ROE，而不会太关注消费品牌和加盟类、平台类渠道的 ROE。对于供应链企业，ROE 能很好地反映"每投 1 元钱能赚多少"，但对于品牌和渠道则不行。品牌是在企业与消费者长年累月的不断交互中产生的，花钱并不一定能买来品牌认知；而不同渠道企业如果采取不同的经营模式，会直接对 ROE 造成较大的扰动；此外，像阿里巴巴这类电商平台的核心资产其实是平台上的用户和供应商，这些资产不会被计价放入报表中，因此也会使 ROE 失去意义。

本节我们介绍了一些解读企业公开数据、寻找消费品投资机会的方法。方法是死的，人是活的，这些方法的利用一定要灵活。股票的价格终将反映企业的内在价值，数据的作用仅仅是帮助我们理解行业的景气度和企业的经营情况。在实践中，我们应当站在企业家的角度，思考整个生意的运转，这样才能够得到真实的、对投资有意义的结论。

3.4 探寻消费牛股的上涨驱动力

股价 =P/E × EPS，股价的上涨可以由利润驱动（EPS 驱动），也可以由估值驱动（P/E 驱动）。从历史上看，大多数消费牛股都是由利润驱动的。表 3-8 统计了 2011 年底至 2021 年底在 A 股市值较大的消费股中涨幅排名靠前的一些标的的增长驱动力，我们发现，除了泸州老窖之外，其余所有标的的涨幅都源于业绩增长。其中，利润增幅较高的标的包括百润股份、中国中免、舍得酒业、老板电器等，增幅均超过 10 倍；而估值增幅较高的标的包括贵州茅台、海天味业、泸州老窖等，估值增幅在 1 ~ 2.5 倍之间。

表 3-8　A 股消费行业牛股股价增长拆解（2011-12-31 ~ 2021-12-31）

证券代码	证券简称	总市值（亿元）	区间涨幅（倍）	利润增长（倍）	估值增长（%）	P/E	PEG
002568	百润股份	449	18.8	14.5	27	57.0	1.63
601888	中国中免	4 284	17.2	18.0	−4	39.1	1.24
600809	山西汾酒	3 853	14.8	7.3	91	69.2	2.03
600519	贵州茅台	25 752	14.3	5.7	128	48.9	3.13
600702	舍得酒业	755	13.2	10.2	27	57.9	1.46
600872	中炬高新	302	8.7	4.9	65	44.9	1.90
603288	海天味业	4 428	8.6	2.4	183	65.7	3.40
002508	老板电器	342	8.5	10.5	−18	17.6	1.11
000799	酒鬼酒	690	8.4	7.3	13	72.1	1.72
000568	泸州老窖	3 719	8.3	1.8	228	48.4	1.94

注：1. 总市值和 P/E 取自 2021 年 12 月 31 日，区间涨幅基于前复权股价计算。
　　2. 利润增长基于归母净利润增幅计算，估值增长是利润增长之外的部分。
　　3. P/E、PEG 基于 Wind 一致预测计算，其中 PEG 采用 2021 ~ 2023E 的复合增速。
资料来源：Wind。

可见，在 A 股消费行业中，想要实现长期的持续增长，主要依靠企业的利润增长来推动。这就是为什么职业投资者们如此看重基本面分析的核心原因：只有通过深度的研究，发掘能够实现利润持续增长的优质企业，才能实现持续而稳定的收益。估值的变动和市场情绪面的变化，可以在短期内带来高收益，但此后大概率将面临均值回归定律的挑战——如果业绩无法持续兑现以消化估值，那么股价将很可能会下跌。

论消费品估值：为何消费品企业的 PEG 常大于 1

从表 3-8 中，我们可以发现消费品估值的一个特点：PEG 常常大于 1。PEG 指代的是 P/E 与未来预期业绩增速之间的相对关系，通常业绩增长潜力越高的股票，P/E 越高。我们用当年预计盈利对应的 P/E 除以未来 3～5 年的预计年化增速，就可得到 PEG。通常而言，我们认为 PEG ≤ 1 较为合理，尤其是对于那些增速不高的企业。但许多消费品企业的 PEG 都大于 1，且这些企业的增速都不高，这是为什么？

这是因为消费品企业的增长持续性、确定性强。品牌力的形成、产品不断提价、用户消费习惯的转变、新消费渗透率的提升、渠道网络效应的形成，都是消费品企业增长的根本来源。历史多次证明这些转变是缓慢但具备趋势性的，很多时候企业增速虽然不太高，但能够持续很多年，且增长具有惯性，确定性较强，因此市场乐于给予使 PEG>1 的估值。

再论消费品估值：什么样的企业能够实现长期估值增长

大多数消费品企业通过业绩增长来推动股价的持续提升，但也存在着小部分企业，它们的估值增长在长期贡献了较大比例的业绩增幅。在表 3-8 的标的中，估值增长较高的是山西汾酒（91%）、贵州茅台（128%）、海天味业（183%）和泸州老窖（228%）。其中 3 只为白酒行业龙头，1 只为调味品行业龙头。

为什么这些白酒、调味品标的能够在长周期内实现估值的增长？答案是：涨价逻辑。头部白酒品牌的涨价逻辑类似于奢侈品。首先，白酒是有社交和分享属性的商品，饮酒的场合通常是各种聚会，在这类场合下人们有溢价购买品牌商品的动力，对价格相对不敏感。其次，在白酒品牌中，口碑最佳、最具品牌力的就是这些A股龙头白酒上市公司，市面上能够买到的最好的白酒，就出自这些品牌。最后，白酒保质期长，越放越醇，越值钱。能与他人分享、预算再高也只能买到这些、保值，这三个特点造就了白酒的涨价属性。飞天茅台（53度）是最出名的白酒涨价案例之一，从2019年9月到2021年8月，其经销商调货均价从约2500元上升到了约4000元（见图3-13）。

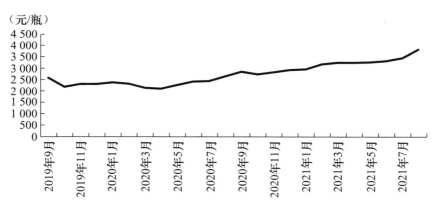

图3-13　飞天茅台（53度）的经销商调货均价持续上升

资料来源：经销商调研。

调味品的涨价逻辑则略有不同。调味品在一盘菜中所占的成本比重极低，几乎可以忽略不计，但存在感高，在相当大的程度上决定了一盘菜的风味。仅几滴酱油，就能决定菜品的色香味，而如果换了一个品牌，可能就完全不一样了。这使得用户对酱油的品种存在较强的黏性，同时对涨价相对不敏感。因此，酱油这类调味品拥有很高的涨价能力。

为什么涨价能力如此重要？因为其代表永续增长和跑赢通胀的能力。 有涨价能力意味着企业可以以超过通胀的速度逐渐提升其产品的售价，以实现实际意义上的永续增长当然，这个永续增长的速度并不会很快。**这类资产在经济增速放缓、无风险利率下降的经济环境下，将迎来估值提升。** 提升的本质逻辑可以用戈登模型解释，戈登模型告诉我们，股票的 P/E=1/($r-g$)。如表3-9所示，永续增长率 g 更高的资产，在贴现率 r 下降时，估值的增长幅度更大。

表3-9　在不同贴现率、永续增长率下，戈登模型预示的 P/E

g（%）	r=6% 时的 P/E	r=5% 时的 P/E	r=4% 时的 P/E	r=3% 时的 P/E
5	100	不存在	不存在	不存在
4.5	67	200	不存在	不存在
4	50	100	不存在	不存在
3	33	50	100	不存在
2	25	33	50	100

这类具备清晰的持续涨价路径的资产，在无风险利率不断下行的市场环境下，实现了长期估值中枢的提升。但真正具备持续涨价逻辑的企业极为罕见，在大多数情况下，若想获得超额收益，我们还是要致力于寻找有潜力通过行业规模扩大、市占率提升而实现业绩大幅增长的企业。

当然，消费品企业有时也可成为进取型投资者手中的尖刀，在短时间内通过估值的提升实现急促而又快速的增长，比如2021年的医美行业就经历了一轮由估值增长驱动的行情。这两个行业的共性在于都处于渗透率提升阶段，如2.1节所言，这个阶段是行业增速最快的阶段。在此期间，市场想象力的不断延伸和业绩预期的不断增长使得股价不断提升。但从长期来看，高估值还得通过业绩来消化。医美等处于渗透率快速增长阶段的行业非常有潜力，而相关标的能否成为未来 10 年的大牛股，最终还得看业绩的兑现情况。

3.5　结语

消费行业有众多子行业，在研究时要先弄清楚行业处于什么阶段。对处于初创期和成长期早期的行业，我们要判断其渗透率提升速度和天花板；在处于成长期中后期的行业中，我们要寻找质地优良、市占率持续提升的品牌；在处于成熟期的行业中，我们要寻找具备提价能力、现金流优秀的公司。

消费品公司可以大致分为品牌、渠道、供应链三类。其中，品牌是消费者和商家间的信用契约，渠道是消费者和商家间的反馈机制，产品是商家对于消费者需求的解读。我们只需要了解这三类资产的经营模式、发展现状和经营壁垒，就足以应对消费行业中的大多数标的。

| 第 4 章 |

品牌

消费行业的皇冠明珠

本章将全面展开品牌研究框架。品牌是消费者每时每刻都在接触的一个概念,是过去在资本市场中牛股辈出的一类资产,也是人们了解得还不够充分的一个环节。"品牌究竟是什么"和"品牌力究竟是什么"是我们思考的两个核心问题。在 4.1 节,我们先用奢侈品包作为引子,给大家展示品牌资产的实质与内涵,并探究品牌溢价的来源;在 4.2 节,我们引入"省心型"和"悦己型"两类品牌商品消费者,前者为了方便支付品牌溢价,后者为了愉悦支付品牌溢价;在 4.3 节,我们将详细论述中国优质供应链品牌化的投资机会,它或许将成为中国消费行业未来数年里最重要的投资机会。

4.1 品牌是一种什么样的资产

本节我们将进一步阐述品牌资产的本质,首先,我们抛出三个问题。

问题一：品牌究竟是什么？虽然品牌是人们每天都会接触到的一个概念，但这个问题过于抽象，难以直接给出答案。那么我们更具体地提出下一个问题。

问题二：购买奢侈品的消费者在买什么？相信每个人都会有不同的答案，可以是社交环境、使用体验，也可能只是追求一种"高级感"。这个问题可以进一步量化。

问题三：奢侈品的成本到底是多少？这个问题的答案有助于具象化甚至量化地理解品牌资产。

从价格上看，奢侈手提包的定价在数千元到数十万元人民币不等，远远高于普通手提包数百元的定价。在奢侈品包阵营内，不同品牌、不同系列的产品，在价格带上也有较明显的差异。有的品牌聚焦于千元价位，而另一些品牌主流产品的价位在数万元。

奢侈品包的成本真的会显著高于普通的皮包吗？不同价位的奢侈品包，其成本真的匹配价格上的差异吗？

这两个问题的答案可能都是否定的。尽管各大奢侈品品牌企业一直在对其产品的原产地和成本进行模糊处理，但幸运的是，全球最大的奢侈品皮具代工厂——时代集团控股，在其招股书里披露了详尽的数据，可让我们一睹奢侈品皮具的大致成本。时代集团控股拥有一批合作稳定的品牌方客户，2011年其前五大客户贡献了公司80%以上的收入，其中不乏一些产品平均售价数万元的头部奢侈品品牌。

根据时代集团控股招股书中的数据，奢侈品皮具的出厂价格可能远低于其售价，可以说奢侈品售价高的原因并非成本高。

奢侈品手袋的成本或仅为200元人民币左右。

时代集团控股奢侈品品牌代工手袋、小皮具和旅行箱，其中又以手袋为主。2011年，时代集团控股的手袋、小皮具、旅行箱销售额分别占

90%、9%、1%。手袋包括手提包、手抓包、单肩包、购物包、背包、水桶包等，小皮具则主要是钱包、化妆包等。这些产品主要采用高档牛皮制成。

时代集团控股披露了其产品的出厂价格区间：手袋为 80～640 港元，小皮具为 40～140 港元（见图 4-1）。而根据公司披露的销售额和销量，可以进一步计算出这些产品的平均出厂价格：2009～2011 年，手袋平均出厂价为 200～230 港元，小皮具的平均出厂价为 95～110 港元。按 2011 年港币兑人民币 1.2∶1 的汇率换算，当年时代集团控股手袋的平均出厂价不及 200 元人民币，小皮具的平均出厂价不到 100 元人民币。

注意，这还只是代工厂销售给品牌商的价格，考虑到代工厂本身还保有一定的盈利，奢侈品包的实际成本可能比以上数字还要低。总之，奢侈品包的制造成本，与其定价相去甚远。

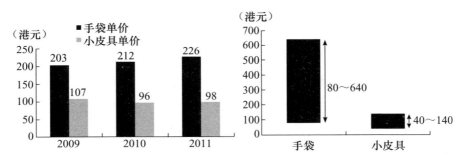

图 4-1 时代集团控股的手袋及小皮具平均出厂价

资料来源：时代集团控股招股说明书。

奢侈品皮具代工行业相对分散，中国是全球最大的供应地

在一些人的印象中，奢侈品皮具的主要生产地在欧美发达国家，由当地经验丰富的手工匠人精心制作而成。然而这个想象可能并非现实，奢侈

品皮具的生产模式以代工为主,中国是全球最大的奢侈品代工地,很多奢侈品皮具是从我国东南沿海地区的某个代工厂里批量生产出来的。

根据时代集团控股招股书中援引的弗若斯特沙利文的数据,2010年,中国是全球奢侈品皮具最大的供应地,占全球奢侈品皮具代工份额达42%。在我国还有许多类似时代集团控股这样的奢侈品代工企业。按照42%的比例计算,消费者熟知的各大奢侈品品牌,每卖出2～3件产品,就会有一件产自国内的代工厂。

奢侈品皮具代工市场是一个制造商相对分散、品牌商处于强势地位的市场。根据弗若斯特沙利文的数据,时代集团控股是中国最大的奢侈品皮具制造公司,其在中国奢侈品皮具代工市场的占有率为12.3%,在全球奢侈品皮具代工市场占有率为5%。

从世界范围来看,第二大的奢侈品皮具代工公司S公司为一家韩国公司(在中国设厂),第三大的Y公司为一家日本公司(同样在中国设厂)。以销售额计,全球奢侈品皮具代工前三家公司的市场份额仅约12.5%(见图4-2)。可见奢侈品皮具代工市场中制造商的分散、品牌商的强势,议价能力更多还是在品牌商手里。

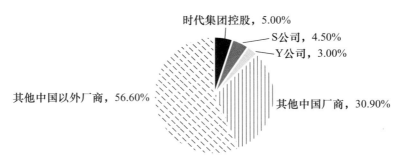

图4-2　全球奢侈品皮具代工市场份额(以销售额计)

资料来源:弗若斯特沙利文,时代集团控股招股说明书。

奢侈品溢价的来源是设计吗，设计的重要性有多高？

根据前文的分析，用料成本在奢侈品包中的占比并不高，出厂价为 100～200 元的奢侈品包，可以卖出 10 000 元以上的高价。显然，奢侈品并不单纯依靠用料支撑其售价。有不少人认为，是奢侈品品牌的设计能力让消费者买单，这是事实吗？不一定。

时代集团控股的招股书还披露了一个鲜为人知的细节，即其生产代工的很多产品，不是品牌方设计的，而是工厂自己设计的。2009～2011 年，时代集团控股的创意中心分别为客户设计或独立开发了 5000 款、6200 款、7400 款手袋及小皮具；集团内部也配备相关的设计及开发团队为客户提供设计服务。

事实上，很多中国供应链工厂，不仅是 OEM（即单纯代工）公司，还是 ODM 公司（具自主设计能力）。而消费者平时看到的一部分奢侈品包，可能并非完全由品牌公司设计，而是"贴牌"产品，很可能是品牌方在代工厂方案的基础上印制和雕刻品牌花纹而制成。

指望普通消费者在选购时分辨出手袋是品牌商原创产品还是代工厂设计的"贴牌货"，这显然是不现实的。因此我们可以认为，设计也不是品牌溢价的决定性因素。

根据前文的数据和分析，我们可知以下事实：

- ▶ 奢侈品包的高价并非来自物料成本：售价上万元的奢侈品包，平均出厂价仅约 200 元。
- ▶ 奢侈品包的高价并非来自特殊制造工艺：皮具的生产以代工为主，代工费用已计入出厂价；中国是全球的奢侈品皮具主要代工地。
- ▶ 奢侈品的高价并非来自设计：有一部分奢侈品包是由代工厂设计、品牌"贴牌"生产的，主流消费者显然无法轻易分辨奢侈品包的设计方（否则"贴牌"奢侈品的相关信息早就传遍网络，而不会被深埋在招股说明书中）。

品牌溢价来自品牌认知，即品牌过去的所有动作给消费者留下的整体印象

既然物料成本、特殊制造工艺、设计都不是品牌溢价的决定性因素，品牌溢价来自何处？品牌本质上还是认知。认知一方面是动态反馈形成的，另一方面是要靠时间积淀的。品牌在时间上的积淀因素非常重要，却常被人们忽略。

品牌认知的形成，是品牌的各种动作在不同环境下，不断和周围环境相互反馈，并形成动态认知的过程。它不是化学公式或者数学方程式，没有类似"投入 X 得到 Y"的说法。譬如，品牌标识、品牌设计特色、品牌销售渠道、品牌营销广告、品牌粉丝互动等，都属于品牌动作，并不断产生动态变化。而在这个动态变化的过程中，消费者对品牌产生各种各样的印象，长时间积累下来形成的动态认知的集合，就是品牌认知，也是品牌溢价的来源。

根据以上内容，我们可以得到一个公式：品牌溢价 = 品牌认知 = 品牌所有的动作反馈在时间上的积分（见图 4-3）。其内核就是"品牌计分板"理论。

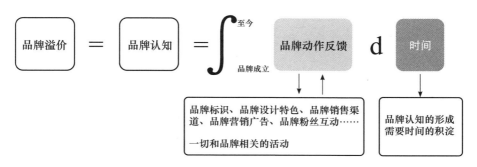

图 4-3　"品牌计分板"理论下的品牌溢价公式

如何理解"品牌计分板"？品牌的每个动作都会获得来自市场和消费者的反馈，并在"计分板"上加分或者减分。如投央视广告、推出新品、在淘宝上投放"直通车"（即买搜索排名）、请美国篮球明星代言等动作，如果消费者觉得好就加分，觉得不好就减分。最后累积的得分，代表一个品牌的品牌认知，最终形成品牌溢价。

"品牌计分板"具备三重含义：

- **品牌认知并非由单一因素形成，而由各种因素综合构成**。有一类较常见说法是"某品牌是渠道品牌""某品牌是营销品牌"或者"某品牌是服务型品牌"，这类说法是片面的。根据"品牌计分板"理论，品牌认知的形成是渠道、营销、服务、产品等多种品牌动作综合反馈形成的，而绝不会仅由某一个因素就能决定。

- **品牌认知是有时间维度的，需要经过时间积淀**。我们可以把品牌动作与品牌认知的关系想象成速度与路程的关系，短时间的冲刺不一定能够战胜长时间的匀速跑。一些"老字号"品牌的核心资产，正是多年来的不断积淀。总之，研究品牌须了解其动作发生的时间和背景环境，而不是单纯研究动作。

- **在对的时候做对的事情，方能得分，切忌刻舟求剑**。在2000年前投放央视广告，在2010年前大举投放淘宝"直通车"，都可能是"高分动作"，但若放到今天，就不一定能得到高分了。在"品牌计分板"上得分是有窗口期的，有时候"过了这个村就没有这个店"了。这意味着品牌在其形成的过程中，将面对诸多不确定性。而在积累分数的过程中，要充分考虑当前的环境，刻舟求剑似的效仿成熟品牌过去的动作，大概率难以符合当下的环境。这个道理同时也意味着，成熟品牌一般难以复制。

因此，在我们尝试分析和理解一个品牌的时候，需要重点关注规模、增速、定价能力这三方面的指标。首先，品牌的收入规模是消费者用真金白银堆出来的数字，这一定程度上就是在"品牌计分板"上积分多少的一个体现，当品牌达到一定规模之后，品牌本身就会成为护城河。其次，品牌的规模增速不但是品牌发展势能的一个体现，更是对"品牌做对了事情"的一个直接写照。最后，品牌的利润来源是品牌溢价，而定价能力的强弱决定了所谓"品牌力"的强弱，也影响着品牌长期增长的潜力。

4.2　我们为何会为品牌溢价买单

一言以蔽之，品牌是商家和消费者之间的信用契约。品牌或多或少都有溢价，为何消费者心甘情愿地为品牌溢价买单？从本质上看，品牌溢价很大程度上就是信用契约的价格（而非质量、设计等）。换言之，消费者为品牌商品额外支付的溢价，就是在购买品牌背后的信用契约。

信用契约的作用可以从两个方面理解：降低搜索成本、赋予文化认同（见图 4-4）。

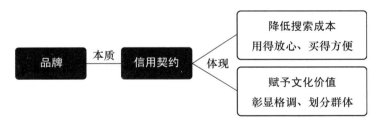

图 4-4　品牌（信用契约）的作用

降低搜索成本指消费者相信品牌产品的基础质量，为减少挑选时间而支付溢价。赋予文化认同指消费者对于品牌本身的格调、故事、所作所为等方面产生认同，从而支付溢价。

降低搜索成本可简单理解为节省时间、提高效率。消费者在对品牌具备基础的认知后，只需要认准品牌就能买到质量有保障的商品。这比每次购买时都反复比对做决策要简单得多，能够节省大量的时间和精力。口渴时直接在路边的便利店购买怡宝矿泉水，就是这样的行为。

此类行为有两种表现：一是"我认可这些品牌的产品，只要在选购商品时看到这些品牌，就懒得考虑别的品牌了"，比如需要T恤衫的消费者直接走进了街边的优衣库；二是"我选购时随便搜索某个商品，如果看到有印象的品牌，就直接下单了"，比如想要买宠物饮水机的消费者在网购App搜索"宠物饮水机"时，看到米家有类似的产品，出于对米家的信任而直接下单。

赋予文化认同可简单理解为品牌产生了额外效用。消费者对品牌本身的某些属性产生了认同感，因此选购这些品牌的商品会带来额外的效用。这类认同感包括但不限于：

- 身份认同：买了这个牌子的商品，我就是圈内人士；
- 行为认同：这个牌子使用环保材料，买它就是为保护环境做出贡献；
- 情感认同：这是我们本地的品牌，从小就用；
- 其他：代言人、统一的设计风格等。

文化认同常见于奢侈品，也是奢侈品溢价的主要来源。文化认同也不仅限于奢侈品，一部分定位中高端市场的大众品牌也存在着各式各样的文化认同。总的来说，文化认同的根本作用，在于使品牌本身成为消费者效用的一个组成部分。

悦己型消费者和省心型消费者的行为模式存在显著差异

赋予文化价值和降低搜索成本这两种作用，大致对应了两种行为模式的消费者。前者我们称之为悦己型消费者，后者为省心型消费者（见图 4-5）。

图 4-5 悦己型消费者和省心型消费者

悦己型消费者买东西是为了开心。他们在购物时通常更为挑剔，对产品的格调、质量、口碑、功效特性等方面具备较高的需求。悦己型消费者有时并不会将性价比放在最优先的位置，在确定产品满足了某些前提后，才会考虑价格。面向这类消费者的品牌常常拥有独特的"调性"，并具备突出的文化认同。

悦己型消费者购物的一个典型流程是：这个产品看起来不错—圈子内反馈不错—自行研究确认产品质量—专门找到这个牌子、系列购买。更有甚者，会把某个牌子、系列的所有产品收集齐全。

省心型消费者买东西是为了用。他们对产品的需求较为基础，买东西只是为了满足基本的使用需求，最大的特点是"不爱选"。他们关注产品的基础质量、可得性和性价比，追求的是以适中的价格、最方便的方式，买到质量过关的产品。

省心型消费者的一个购买流程是：打开购物 App—搜索品类（如袜子）—在前几个搜索结果里找到一个有印象的牌子—买销量或综合排序最高的牌子。面向省心型消费者的品牌，需做到广泛触达和稳定出品，核心能力是规模大、质量稳定、反馈快速。

悦己型消费者和省心型消费者并不是完全割裂的，二者之间没有严格界限。譬如"有钱人不会用某产品"的说法一般是有问题的。"省心"和"悦己"更像是两种不同的消费心智，同一个人对不同商品，在不同环境下，可能表现出不同的行为模式。消费者可能只对某一些品类具有特殊要求，而对其他产品则"能用就行"。比如挎着爱马仕的人，在路边口渴时随便找一家小卖部买一瓶农夫山泉，这是一件再正常不过的事情。

所以消费升级并不意味着省心型品牌会被淘汰；同样，消费降级也不意味着悦己型品牌的消亡。消费升级的大趋势并不会使得高端品牌取代大众品牌，因为格调需要通过对比来体现，所以只属于少部分人；反之，若经济持续低迷，高端品牌也不见得会全部消失，因为对于炫耀、身份展示和自我满足的追求，不见得会随着经济低迷而退散。

"悦己型"和"省心型"之分，并不一定意味着品牌质地的优劣，而只是对品牌战略的一个分类。历史上，悦己型品牌和省心型品牌都走出过让投资人收益百倍的巨型公司，如茅台、爱马仕就是典型的悦己型公司；农夫山泉、优衣库就是典型的省心型公司。对于悦己型公司，我们更应关注其品牌形象的维持，以及定价能力的不断提升；对于省心型公司，我们更应关注其经营规模的增长，以及渠道覆盖范围的演进。

4.3 品牌化或是未来中国消费品投资最重要的机会之一

我国已经拥有世界上首屈一指的消费品供给能力，国产品牌的产品竞争力是有保障的。我国独特的地域特性（国土广大，层级复杂），使得更

"接地气"的国产品牌在渠道管理和营销运营上都具备一定的优势。因此，国产品牌的崛起是伴随我国综合国力提升、文化自信思潮的大概率事件，也有望成为未来我国消费品投资最重要的机会之一。

品牌是消费品产业链中利润空间最大的一环

消费品产业链大致可以分为供应链、品牌、渠道三个环节，其中品牌是利润率最高的一环。从我国消费品市场的品牌现状上看，在服装、化妆品等主要的消费品品类中，海外品牌依然占据主导地位，国产品牌还在持续追赶。

品牌毛利率通常为 50%～70%，净利率为 10%～20%，是利润率最高的环节（见图 4-6、图 4-7）。这意味着 10 元的东西，品牌商的进货成本或生产成本仅在 5 元左右。品牌的毛利率与净利率之间，有 40%～50% 的期间费用率，其中约 30% 是销售费用率。可以说，在品牌商品的成本里有相当一部分是营销成本。而品牌商花大力气进行营销，是为了不断维持品牌认知，以保持"品牌计分板"上的高分。

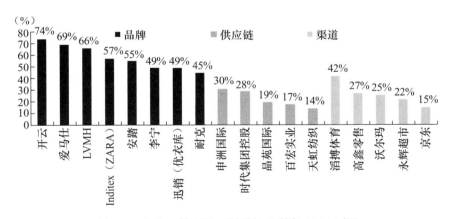

图 4-6　品牌、供应链、渠道的毛利率（2019 年）

资料来源：Wind（A 股及港股），Bloomberg（其他）。

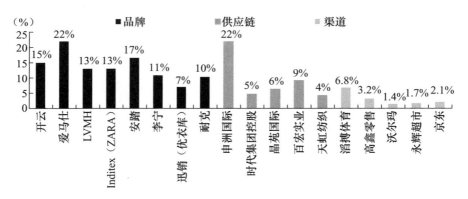

图 4-7 品牌、供应链、渠道的净利率（2019 年）

资料来源：Wind（A 股及港股），Bloomberg（其他）。

供应链环节的整体利润率明显低于品牌环节。通常而言，上游供应商的毛利率为 15%～30%，净利率为 5%～10%（申洲国际是个特例）。靠近成品环节，且与知名品牌商有稳定合作关系的代工厂，通常利润空间更大，如申洲国际拥有 30% 的毛利率；而更上游的原材料供应商盈利空间则要低一些，比如主要制造纱线、氨纶的天虹纺织，毛利率和净利率分别仅为 14% 和 4%。

渠道的利润空间根据品类和品牌有所不同。总体来说，售卖商超类基础生活用品的渠道商的毛利率为 15%～25%，净利率通常不高于 3%；而主要售卖运动产品的滔搏体育的毛利率、净利率分别可达 41%、7.7%。渠道的利润率根据品类、经营模式有所不同，但总体而言，供应链、渠道的利润率低于品牌环节。

国牌崛起的必要条件：发达的消费品供应链，特殊的渠道环境

我国拥有强大的供应链，能够产出物美价廉高质量的产品。国产品牌使用本土供应链，就能生产出品质不亚于（甚至超过）海外大牌的产品。

事实上很多国外头部品牌的高端产品，就是由中国的供应链代为设计和加工的。比如前文提到 2010 年全世界有 42% 的奢侈品手袋产自中国（以代工市场份额计）；一个更知名的例子是，大多数苹果数码产品也是由位于中国本土的代工厂组装生产的。

事实上，经过多年的发展，我国已经形成多个优质的产业链集群。比如广东有服装、化妆品、3C 电子的产业链集群；浙江有箱包、小商品的产业链集群；江苏有家纺等商品的产业链集群；福建有服装、鞋的产业链集群。

在渠道方面，独特的电商和互联网文化造就了国产品牌成长的沃土。从中国制造到中国品牌，寻找中国特色是捷径，电商渠道有望带动中国消费品品牌化。电商是一个具备中国特色的渠道，也是我国最主要的消费品流通渠道之一。中国整体社零电商渗透率已达 20% 以上，且仍在高速增长（而美国只有大约 10% 的电商渗透率）。部分国产品牌在对消费者需求的洞察、产品升级方向的把控，尤其是对电商、直播等新渠道的理解上展现出明显优势，未来会有很多中国消费品大品牌从电商渠道中走出来。

国牌崛起的核心逻辑首先是"国崛起"，其次才是"货崛起"

在文化自信大趋势下，国货当自强的呼声日益响亮。中国制造的发达和电商渠道的特殊性是国牌崛起的必要条件，"国崛起"背景下的文化自信思潮，则是国货崛起的重要催化。

文化自信来自我国综合国力的大幅提升。从 GDP 总量上看，2021 年中国已经是世界第二大经济体，并逐渐缩小与美国的差距。从居民收入上看，全国居民可支配收入从 2013 年的 1.8 万元提升至 2021 年的 3.2 万元。我国制造业的强盛和整体国力的大幅提升，一定程度上消除了消费者认为国产品牌质量不如国外品牌的固有认知，提升了消费者对国产品牌的整体认可度和关注度。

从人口结构上看，"Z世代"新兴消费者（相比老一辈消费者）对新锐国牌的接受程度更高。他们不会盲目追求进口品牌，对商品的评价也更偏向商品硬实力、营销内容的质量等方面，而非单纯看"牌子大不大"。

如表4-1所示，"70后""80后"消费者成长时的物质生活远没有如今这么丰富，彼时甚至有国产商品质量不达标，给人们留下不好的印象。此外，他们成长过程中，接触境外的文娱内容更多，比如美国好莱坞大片、日本和中国港台地区娱乐圈等。

表4-1 "70后""80后"与"Z世代"的生长环境对比

"70后""80后"的典型成长环境	"Z世代"的典型成长环境
● 物质生活没有那么丰富 ● 精神生活来自美国好莱坞大片、日本和中国港台地区娱乐圈 ● 国产品牌时有质量不达标问题，进口品牌意味着"高大上"，购物看牌子 ● 我国的综合国力与西方发达国家仍有差距	● 基本的物质需求都能得到满足 ● 精神生活来自国内娱乐圈及综艺，也来自诸如《舌尖上的中国》《我在故宫修文物》等传统文化纪录片 ● 作为互联网原住民，习惯于在网上检索信息和购物，购物时更注重商品品质 ● 我国成为世界第二大经济体，国力强盛

而"Z世代"消费者的生长环境有以下特征：在物质方面，人民基本的物质需求已能得到满足，"Z世代"对"短缺"体会不深；在精神方面，他们从小观看国内的动漫、综艺，对于国内文化接受度更高；在习惯方面，"Z世代"从小伴随互联网长大，更熟悉社交网络、网购等，也习惯从互联网上接纳更多的信息。

以上差异也许只是一些细碎的小事，但其作用能形成合力，在"Z世代"的成长过程中不断累积，从而对他们的认知体系产生"质变到量变"

的影响。新一代消费者对于国产品牌崛起的接受程度更高一些，他们成为消费主力军后，势必推动国产品牌进一步崛起。

国产品牌崛起是我们研究消费行业时必须重点关注的一个行业趋势性投资机会。站在 2021 年，部分优质的国产品牌已经明显具备了持续崛起的核心条件和明显的经营优势，在业绩上也展现出强劲的增长势能。从何处找到这类正在崛起的国产品牌标的呢？可以参考以下思路：第一，它们的产品在国内有成体系的供应链，大多数消费品都在此范围之内；第二，这些品牌经营的品类适合线上渠道销售，或能够通过互联网营销实现快速传播，因为对线上渠道和互联网文化的理解，是国产品牌的核心领先之处。总之，未来数年我们很可能会看到大量国产品牌的崛起机会，关键是具备发现这些机会的慧眼。

4.4　结语

品牌溢价的来源是品牌认知，而非用料、做工、设计等具体因素。品牌认知是品牌动作给消费者留下的整体印象，需要在对的时间做对的事情。

规模是品牌最重要的指标。对于一个品牌，一万个可能成功的理由，也不如规模已经做起来有说服力，规模是消费者真金白银堆起来的。

增速是品牌相当重要的参考指标。（营收）增速代表品牌目前发展所处的阶段，但增速需要和规模搭配来看，光有增速没有规模是不行的。增速高通常代表某个品牌在现在的时点做对了某件事。看到增速后我们再去判断，这个对的事情，是否可以持续。

品牌本身就是护城河。当一个品牌到达一定规模的时候，品牌本身就是护城河，这代表品牌在过去对的时间连续做对了事情，这背后可能是其管理能力、资源能力、战略眼光、组织效率等，但不可一概而论。

高利润率和低利润率可能都是护城河。高利润率可能代表文化的长期认可，具有给品牌定价的能力，但反过来，也可能在时代变迁中被颠覆。而低利润率可能意味着效率的极致、规模化的组织能力，但没有规模的低利润率不是护城河。

先判断目标品牌是悦己型还是省心型。不同类型的品牌追求的进步方向是不同的。对于品牌先要有个大致的判断，没有哪个品牌比哪个品牌高级，方向是不同的，品牌之间没有孰优孰劣，都能够出好公司。

| 第 5 章 |

渠道

互联网和电商是中国消费行业的核心变量

本章将围绕渠道展开。21世纪初期,我国的商品流通以传统渠道为主,小卖部、杂货店、小超市、菜市场是主流;而短短十余年之后,我国就拥有了全球第一的电商行业。我国渠道的发展速度令人咋舌,在变革的过程中,必然会产生相当多的渠道牛股、品牌牛股的投资机会。在 5.1 节,我们将一览我国的零售渠道;在 5.2 节,我们将用数据呈现我国电商的发达程度;在 5.3 节,我们将具体分析我国不同电商平台之间商业模式的本质差异之处;在 5.4 节,我们将深入探究在我国最为普遍的平台型电商的商业实质,并展开分析平台型电商未来的发展路径。

5.1 中国零售渠道概览

我国的零售渠道分布情况在世界范围内都很独特,其独特性主要归为两点。

第一，我国电商渠道无比发达。2021年，电商已经成为我国市场份额最高的单一渠道，在零售商业中的市场份额达到了29%。这意味着，国人购物时每花出去10元钱，平均有3元钱是在电商上花出去的。毫无疑问，电商在我国零售商业中已经占据了主导地位，而这个情况在其他国家目前是不存在的。事实上，在欧美等发达国家，现代线下零售渠道（比如商超百货等）仍然占据主导地位，而电商的渗透率仅为10%左右。

第二，我国传统零售渠道的占比仍然很高。我们把夫妻杂货店、菜市场等渠道归为传统零售渠道，如图5-1所示，传统零售渠道的占比远远高于大卖场、专卖店、百货等渠道。尽管现代连锁零售在我国已经迭代了许多年，但传统零售仍然占据了相当大的份额，而且看起来传统零售的地位还将保持很多年的稳固状态：传统零售的市场份额不太可能被电商直接威胁，而超市等现代线下零售的增速近年来逐渐趋缓。

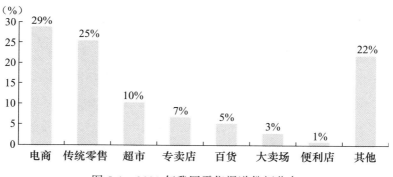

图5-1 2021年我国零售渠道份额分布

注：由于四舍五入，相加不为100%。
资料来源：Euromonitor。

近年来，电商已经成为我国零售商业的一个重要成长来源。如图5-2所示，2016～2021年，电商的规模增速远快于零售业整体，也高于线下渠道。

事实上，近年来现代线下渠道的发展速度一般，其增速相比传统线下渠道的领先幅度不大。我国零售商业与西方国家非常大的一个差异在于线下零售的发达程度，西方国家在线下发展完善之后才出现了电商，因此电商的推进速度并不快。我国线下零售在发展到一半的时候就受到了电商崛起的冲击，在电商逐渐趋于成熟之后，线下零售的发展遭受到了一定的压制。

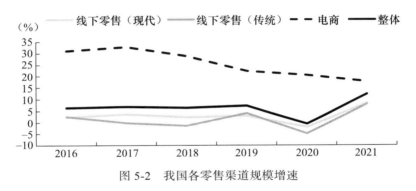

图 5-2　我国各零售渠道规模增速

资料来源：Euromonitor。

由上可见，目前我国零售商业的形态是比较割裂的。一边是先进高效、已经具备世界领先水平的电商渠道，另一边则是仍然占据较大市场份额的传统零售渠道。我国拥有复杂的城市层级结构，这些传统零售渠道遍布在广大的市井之中。这种割裂的环境未来可能仍将伴随中国消费行业不断前行。

思考零售渠道，就是思考"人""货""场"之间的关系。

"人–货–场"是零售商业中一个经典的分析模型。零售生意的本质，就是把"人"和"货"通过"场"连接起来。具体来说，"人"指的就是消费者，对应的是消费者的画像和其消费诉求；"货"指的选品，对应的是商场中的品类结构、产品价格带、品牌阶层等；"场"指的是消费者购物的场所，场所的位置在哪儿、商品如何陈列、要放多少个 SKU㊀，都是这个环节的核心问题。

渠道需求分析框架：多快好省

对人的分析，其实就是对消费者需求的分析。人物画像、用户层级等数据，其实最后都要归到多、快、好、省这四个维度中来。其中，"多"代表可选择的商品多，消费者能够找到所需要的所有商品；"快"代表方便快捷，包括购物所需时间短、门店离消费者近，以及网购时配送速度快；"好"不但代表商品的质量又好又稳定，也代表购物体验的优势；"省"则是价格便宜。

当然，多、快、好、省是不可能同时被满足的，任何渠道在这四个维度中，都或多或少有所侧重或取舍。如图 5-3 所示，在即时性的线下消费领域，超市渠道满足的是"多"和"省"，便利店满足的是"快"，百货商场满足的是"多"和"好"。在非即时性的线上渠道中，天猫平台满足的是"多"和"好"，京东平台满足的是"好"和"快"，拼多多平台满足的是"多"和"省"。

	多	快	好	省
超市	✪			✪
便利店		✪	✪	
百货商场	✪		✪	
天猫	✪		✪	
京东		✪	✪	
拼多多	✪			✪

图 5-3　不同渠道在多、快、好、省上有不同侧重点

㊀ 存货单位。

在分析一个渠道的时候，我们首先要做的就是搞清楚其对应的是什么样的需求，弄清楚其在"多快好省"框架中的位置所在。处于不同位置的渠道，分析时有不同的侧重点。比如，对于超市这种品类"多"的渠道，我们要考量其动销情况，并且要重点关注其经营效率；对于便利店这种注重"快"的渠道，要密切关注门店的数量和密度；对于京东这样通过自营物流做到"快"和"好"的渠道，则要密切关注物流的覆盖面和经营效率。

货：不同的渠道适合不同的品类，区分盈利品类和引流品类

在渠道商业中，品类的聚集效应是一个非常重要的规律。同一类商品的门店聚集在一起，能够汇聚更多的人流量，实现相互引流，使得彼此的生意都变得更好。多年前笔者一位做手机零售生意的朋友提到，他们会尽可能把门店开在苹果门店的旁边。大家肯定会觉得奇怪：iPhone 是最好的手机之一，苹果门店也是装修最漂亮的店铺之一，难道商家不怕消费者对比之后觉得自家产品相形见绌，转而购买 iPhone 吗？事实上，聚集效应带来的好处反而更大。经销商手中的门店数据显示，开在头部品牌门店附近的店铺，生意反而更好。这就是聚集效应在零售商业中的体现，基于此，除了什么都能卖的头部电商平台之外，其他绝大多数渠道都有自己聚焦的品类。

从线下线上渠道的对比上看，线上渠道适合标准化、重复消费的商品，线下渠道则适合注重体验感和即时性的品类。在电商上购买标准化、重复消费的商品，能够极大地节省时间；而体验感、即时性是只有线下渠道才能提供的。如图 5-4 所示，2020 年具备标准化和重复消费特性的家电、消费电子、宠物用品等品类的线上渗透率已经达到了 50% 左右，卫生用品、美妆个护产品的渗透率在 30% 以上；而软饮、生鲜等对即时

性有要求的品类，和奢侈品这类对购物体验有要求的品类，线上的渗透率不足 10%。

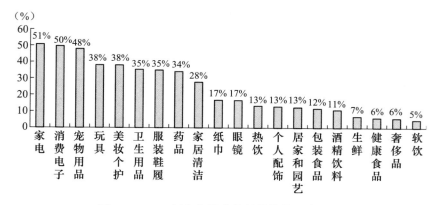

图 5-4　2021 年各大消费品品类的线上渗透率

资料来源：Euromonitor。

我们在分析渠道品类结构的时候，也要注意区分引流品类和利润品类。有的品类能够吸引很多的人流量，但不一定能够产生太高的利润；另外一些品类不具备引流的能力，却是渠道的利润中心。比如，超市就是一类"生鲜引流、标品变现"的渠道。超市中的生鲜产品几乎很难赚钱，一方面生鲜的毛利率不算高，另一方面腐损成本也不容小觑。但生鲜的特征是"高频刚需"，大家每隔一两天都要去买一次菜，在把客户引进门之后，生鲜对于超市的使命就基本完成了。也比如便利店的利润品类是各种鲜食，而其他生活用品都属于引流品类；再比如拼多多的引流品类是各类百亿补贴、限时秒杀的商品，而利润品类则是搜索、推荐结果中弹出的衣服等。总之，这种引流品类和利润品类的划分，在零售渠道中是很常见的，弄清楚各大主要品类对渠道的不同意义，对于我们理解渠道的商业模式非常重要。

场：经销、代销、联营、租赁的商业模式解析

除了用自己买下来的店铺做生意之外，所有零售商业都会涉及经销、代销、联营、租赁四种根本经营方式。

从定义上看：最好理解的是租赁和经销，这是两个极端。租赁就是把自己的地盘租给别人经营，并收取一定的租金，业主基本不会介入太多日常经营。经销就是自己选品，以自有资金大批量进货，赚取批发和零售之间的差价，并承担商品滞销、贬值等风险。总的来说，租赁是风险最低、介入经营程度最低的模式，而经销是风险最高、介入经营程度最高的模式。

代销和联营是比较难以理解的两个模式，处于经销和租赁的中间。代销是指把商品放在他人的店铺中，由他人代为销售，存货风险由自己承担。联营是指与他人联合经营，比如由他人负责提供场地，并负责装修和固定资产的购置，而己方负责进货、生产、销售等环节，并按照事先约定进行利润分成。

我们用一系列具体的例子，来说明上述四种模式的不同。假设小明同学要卖面包，他有如下经营方式可选：①租下一个门店，自己装修开业，成为面包店店主，这是经销模式，而出租这家门店的业主，则以租赁模式参与了零售商业；②把自己手中的面包放在由他人运营的超市货架上，由超市帮忙出售，每卖出一个面包就与超市分成结算，所有卖不出去的都算在小明头上，这是代销；③盘下楼下超市的一个面包柜台，自己站在柜台前销售自己的面包，并以固定租金或扣点的形式与超市分账，这是联营。

有时我们也会简化以上分类，而用"1P"和"3P"来区分零售商业公司的经营业态。1P 指的是自营，3P 指的是平台。所谓 1P 就是"1st-Party"，指的是销售商品的货值会呈现在企业报表的收入和营业成本之中；3P 是

"3rd-Party",指的是企业销售商品的货值不会呈现在报表的收入和成本项中。京东自营是典型的1P模式,其售出的所有商品都会计入公司的营业收入和营业成本。天猫是典型的3P模式,平台上销售额的高低与阿里巴巴报表中确认的收入没有直接关系。事实上,阿里巴巴只会将收到的佣金收入和广告费收入计入收入。

5.2 中国电商,世界第一

毫无疑问,中国已经成为世界电商行业的领头羊。

衡量电商发展的一个重要指标是成交额,从成交额上看,中国是当之无愧的世界电商行业领头羊。根据eMarketer的数据(见图5-5),2019年中国电商成交额达1.93万亿元,这个数字不仅是美国的3倍以上,也超过了2～10名国家的市场规模总和。我国电商创造了一个庞大的互联网商业生态,带动了移动支付、快递物流、互联网信息服务等多个产业的发展,也重塑了消费行业的运营模式。

图5-5 2019年各国零售电商销售额

资料来源:emarketer。

电商也已经渗入我国居民生活的方方面面。根据国家统计局的统计

（见图5-6），2021年我国实物商品网上零售额占社零总额的比重为24.5%。这意味着在我国企业销售的非生产、非经营商品中，有24.5%是通过电商渠道销售的。对于一部分消费品，如消费电子、家电、服装、化妆品等品类，电商的渗透率已达30%～50%。

图5-6 中国历年电商渗透率

资料来源：国家统计局。

在当今的中国，电商不仅是大城市的专属福利。发达便利的快递网络、扎实的移动网络建设，使得身处中小城镇乃至乡村的居民，也能享受到网购带来的实惠与便利。根据CNNIC的统计（见图5-7），2015～2020年，我国网络购物的用户规模以每年10%～15%的速度增长，至2021年6月已经突破了8亿人。这组数字意味着，我国绝大多数的主力消费人群可能都有过在电商平台上购物的经历。而新用户的不断涌入，也一直是过去我国电商得以持续高速发展的一大核心驱动力。

从整个消费零售市场上看，电商是我国消费的重要增长引擎。新冠肺炎疫情前，2015～2019年，我国实物商品网上零售额的增速基本保持在19%以上，而同期社零总额的增速仅为8%～10%（见图5-8）。2018～2019年，电商创造的零售额增长占社零总额一半以上的增量。而2019～2021年，我国线下社零几乎没有增长（两年平均增速仅为约1%），社零总额的增长几乎全部由电商带来。新冠肺炎疫情期间,电商是国民经济的压舱石,是居民日常消费的诺亚舟。

图 5-7　中国网购用户已突破 8 亿人

注:2021H1 表示 2021 年上半年。

资料来源:CNNIC。

图 5-8　电商是我国社会零售额增长的重要引擎

资料来源:国家统计局。

由此可见,电商是分析我国消费行业时不可绕过的一环,也是一个带来了诸多变化的核心变量。我们在分析消费品品牌时,必须重点关注其互联网运营能力以及在电商渠道上的表现。线上营销能力强、线上渠道建设较好的商家通常具备更好的发展前景;而不重视线上化趋势的商家则有被时代淘汰的可能。在分析其他消费品标的时，我们也必须考量电商的发展对其产生的影响。过去的数年间，电商带动了线上品牌、快递、电商代运营、SaaS、主播和MCN等行业的飞速发展，也不可避免地压制了线下零售渠道的脚步。我国电商渠道的前进仍在继续，直播电商等新渠道的崛起为品牌、电商代运营等多个领域带来了重要的投资机会。总之，在研究我国的消费市场时，我们必须时刻关注电商渠道的最新动向。

5.3　阿里巴巴、京东、拼多多：卖货还是卖流量

阿里巴巴、京东、拼多多是我国市场份额前三的电商平台（见图5-9）。尽管它们都被消费者称为"平台"，但盈利方式和商业实质却存在着根本上的不同。

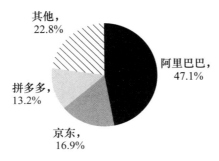

图 5-9　2020年中国电商平台市场份额

线下零售生意分为买卖和收租，前者卖货，后者卖流量

线下的零售生意大致可以分为两类，一类是收租模式，另一类是买卖模式。收租模式包括购物中心、百货商场、小商品城等，这些场所的经营者并不直接参与到商品的买卖当中，而是把铺面和专柜租给其他人，通过租金盈利。买卖模式包括超市、便利店等，它们通过商品买卖的价差盈

利，这些店铺从上游供货商处大批量低价采购商品，然后以高价零售给消费者。

从某种意义上来说，收租生意相当于卖流量，买卖即为卖货，二者的盈利模式截然不同。前者的客户是从事买卖生意的商家，后者的客户则是掏钱购物的消费者。

买卖模式本质上赚取的是流通效率提升的钱。商家的利润来源是进销货之间的价差，商家同时要承担租金、人工、折旧等费用，价差减去这些费用就是这类商家的盈利。自营商家要负责选品、和上游供货方谈进货条件、管控库存，并保证销路顺畅，适时投放广告、打折促销以吸引消费者。这对于商家的选品能力、管理能力、运营效率、对消费群体的理解，都提出了较高的要求。只有把这些方面都做好，自营商家才能够真正战胜同行，赚到真金白银，因此我们说自营模式本质上赚取的是流通效率提升的钱。

收租模式本质上赚的是售卖流量的钱。业主将商铺租给商户，收取固定租金或抽成租金。除了购物中心、百货商场的业主要负责一些基础的物业运营等工作之外，收租模式的零售企业基本上不会介入具体的经营事务。而决定一个铺面、专柜值多少钱的核心变量，其实就是人流量。这类商业地产生意本质上提供的是经营场所，而人流量越高、展示效果越好的门面租金越高，因此商业地产公司运营的核心目标就是"炒热地皮"，进而收取更多的租金。因此我们在一定程度上可以把商家支付的租金理解为"买客流"的费用。

平台电商≈购物中心或小商品城，自营电商≈百货商超

与线下零售类似，电商模式同样可分为平台模式和自营模式。平台模式相当于线下的商业地产，是个"卖流量"的生意，典型代表是阿里巴巴

和拼多多；自营模式相当于线下的百货商超，典型代表是京东商城。

淘宝、天猫、拼多多这类平台型电商的商业逻辑是为商家提供销售场景、展示曝光，并吸引消费者，但并不会直接售卖商品。平台型电商的直接客户是在平台上做生意的商家，而非终端消费者。平台的主要收入来源是交易佣金和广告营销收费，收入的多少主要取决于平台能为商家带来多少购物流量，并产生多少成交额，其经营的首要目的是提升人气和流量。

京东这类自营电商的盈利模式是以较低的价格从上游大规模采购商品，然后以较高的售价零售给消费者。自营电商的毛利润主要来自商品的进销差价，净利润则是进销差价减去履约、运营、管理、研发、折旧等方面的费用。平台收入的天花板取决于其能够为消费者提供多少商品，以及是否能够提供良好的购物体验，而利润则取决于规模和履约、运营等环节的效率（其中规模关系到进销价差，履约、运营效率关系到费用率）。总之，自营电商的核心能力是向消费者提供质量有保障、品类丰富、体验良好的商品和服务，同时保障各个环节的运营效率。

简单对比平台电商和自营电商：平台电商更轻，自营电商更重。平台电商的核心资产在于流量本身，重点是要做好流量的聚合与分发。这些平台的实物资产可能只是一些服务器，但平台自有流量的价值远远高于这些服务器的价值。自营电商的核心资产是履约体系，通常包括大量的仓库、运输车辆、配送人员等。履约体系是其保证大规模、高效率、好体验的根基所在。

平台电商：更应关注 GMV 和货币化率

GMV 是平台规模和价值的直接写照。GMV 指用户下单的总金额，如果我们在淘宝上支付了 100 元买东西，就产生了 100 元的 GMV。这个数字代表了电商平台聚集流量,并将流量转化为成交额的能力,是平台的水之源、木之本。

货币化率等于平台收入除以GMV,这是反映平台盈利能力的重要指标。淘宝平台上产生的100元GMV并不会直接变成阿里巴巴的收入,在GMV和平台收入中间还隔着一层货币化率。倘若100元的GMV带来了4元收入,那么平台的货币化率就是4%。货币化率可以进一步拆分成佣金率和广告费用率,其中佣金率一般是GMV的固定百分比,具体数值依品类而定;广告费用率则随着商家在平台上投放各类广告产生。货币化率一定程度上反映了平台对商家的议价权高低。

成熟的电商平台利润率较高。平台企业的开支包括服务器的运营维护成本、研发费用、营销费用、管理费用等。这些开支大多以固定成本的形式存在,随着GMV的提高,增量成本并不多。

总之,对于平台电商,我们主要关注反映平台规模的GMV,以及反映盈利能力的货币化率。

自营电商:关注收入、利润率、周转率

收入反映平台规模,这个数字之所以重要,是因为自营电商采销效率的提升往往建立在规模扩大的基础上。自营电商的收入口径与GMV较为相似,但数值一般小于GMV。事实上,不同电商平台披露的GMV口径可能会有所差异,有些平台的GMV指代用户拍下订单的总金额,其中包括付款和未付款两部分,而有些平台的GMV指代支付口径。对于自营电商而言,支付口径的GMV减增值税,减退货要在GMV的基础上扣除满减、红包、优惠券、退货和价外税等项目,才能得到报表中的收入数字。

利润率反映平台的盈利能力。自营电商的利润边际较薄,京东2020

年的营业利润率仅约 1.4%，利润率的微小变动可对净利润造成很大的影响。自营电商的成本主要由进货成本构成，费用由物流仓储、营销、管理、技术费用构成。

一般而言，我们需要关注毛利率、履约毛利率、营业利润率等指标：①毛利率直接反映了平台进销差价及其变化幅度。②履约毛利率是毛利率减去仓储、物流的费用率，这个指标直接反映了平台的边际利润率，即每一笔订单能够赚到的钱。对于一个健康的平台而言，履约毛利率最好为正数，否则将"做一单亏一单"。③营业利润率是在履约毛利率的基础上，进一步扣减营销、管理、研发费用率得来的，反映了平台的整体盈利水平。

此外，营运指标如存货周转率、应收账款周转率、应付账款周转率也是分析自营电商运营效率的核心财务指标。在财务指标之外，还有一些重要的指标如动销率（反映选品能力）、平均库龄、客单价等也较为重要，但这些指标一般不会定期披露。

如何理解京东的"自营+POP"

京东虽然是典型的自营电商，但它不是纯自营电商，而是以"自营+POP"模式运营。POP 的意思是"平台开放计划"，即让第三方卖家到京东平台上卖东西。自营电商赚取的是价差，而 POP 赚的是货币化率，可以简单地理解为"在原有自营电商的基础上开了个淘宝"，也可以理解为超市中租出去的广告位和促销点位，以及以联营模式运营的"店中店"。

互联网上常常有人问"京东自营、直营、品牌官方旗舰店，在运营模式上和服务上有什么区别，谁的服务更好"，其实问的就是自营和 POP 的差异。自营指的是京东先向品牌方采购商品，并存放在各地的仓库，用户下单后由京东完成履约；而直营、官方旗舰店则可能完全由品牌或代运营商负责，用户下单后产品直接从品牌的仓库通过快递渠道送到客户手中。

自营商城是京东的根基和壁垒所在，而京东开放平台让第三方商家加入有利于将平台流量充分变现，并丰富平台的商品选择。事实上自营模式并不好处理一些多 SKU 的品类，如服装等。SKU 数量提升后，对商品储存、物流分拣、动销和长尾库存管理都会造成一定的压力，而第三方商家的加入，能在不给物流系统添加额外压力的情况下，提升 SKU 的丰富程度。根据财报数据推算，京东近年来开放平台的成交额已经稳定在 40% 以上。

简单来说，京东选择开放平台的主要目的是延伸品类，从而提升购物体验，并充分利用平台流量提升盈利能力。京东平台的核心价值，主要是自营商城部分。

* * *

总之，京东渠道和天猫、拼多多渠道是两类非常不一样的电商平台，我们在分析时不可机械地直接比较。对于京东这类自营电商平台而言，除了收入规模之外，更重要的是运营效率方面的指标，比如履约成本、毛利率、履约毛利率、周转率等。此外，京东的物流覆盖面、履约体验等经营指标也是应该重点关注的对象。而对于天猫、拼多多这类平台电商而言，我们更应关注流量和变现能力方面的指标。其中，比较重要的流量指标包括 GMV、活跃用户数等；变现能力指标主要是货币化率等。

我们也必须关注三大平台的商品结构差异。天猫面向"爱逛，想买牌子货"的消费者，其商品以大品牌的服装鞋履、家纺箱包、美妆个护产品为主；京东面向"不爱逛，要售后保障，要买牌子货"的消费者，核心品类是数码家电等耐用品；拼多多面向"爱逛，无所谓牌子，关注性价比"的消费者，以非品牌的日常生活用品为主。这一系列差异意味着我们在分析不同的消费品商家时，所要侧重分析的电商平台是不同的。比如，若要研究某个化妆品品牌在电商平台上的表现，那么研究其在天猫上的销售情况就是必不可少的一环。

5.4 淘宝、天猫、拼多多的利润实质是广告收入

阿里巴巴本质上是一家以广告费和佣金为主要收入来源的"线上商业地产公司"

阿里巴巴自身并不卖货，而只提供一个卖货的地方，并通过卖搜索排名、推荐展示等方式，向商家收取广告费和佣金。天猫所谓的"B2C"模式指的是品牌直营店，这个"B"指的是品牌商，而非阿里巴巴本身。

阿里巴巴的中国零售商业板块是集团主要的收入来源，其中又以淘系电商平台产生的客户管理服务收入为主。这个收入其实主要是淘宝、天猫向商家收取的佣金和广告费。因此我们可以说，阿里巴巴的商业帝国就建立在淘系电商平台的佣金和广告费之上。

佣金是如何产生的？在交易环节，淘宝平台的商家是免佣金的；天猫平台的商家需要向阿里巴巴支付固定金额的年费，以及占成交额一定比例的佣金。佣金率主要根据品类而定，平时很少调整，大多数品类的佣金率介于0.3%～5%之间（见表5-1）。其中，服装、化妆品的佣金率较高，充值、3C数码产品的佣金率较低。

表 5-1 天猫平台 2020 年各经营类目佣金率及年费

天猫经营大类	佣金率（%）	年费（万元）	享受 50% 年费折扣优惠对应年销售额（万元）	享受 100% 年费折扣优惠对应年销售额（万元）
服饰	5	3～6	18～36	60～120
鞋类箱包	5	6	18	60
运动户外	2～5	6	18～36	60～120
珠宝配饰	0.5～5	6	18	60
化妆品	4～5	3	36	120
家装家具家纺	2～5	3～6	18	36～60
图书音像	0.5～10	3	18	60
乐器	0.5～2	3	18	60
服务大类	0.5～3	3	18	36～60
汽车及配件	1～3	3	18	60
居家日用	2.5～5	3～6	18	36
母婴	2～5	3～6	18	60
食品	1～2	3	18	60
保健品及医药	3～4	3	18	60
3C 数码	2	3	18～36	60～120
家用电器	2～5	3	36	120
网游及 QQ	0.5～30	1～5	36～100	120～200
话费通信	0.3～3	1	18～36	60～120

资料来源：阿里妈妈官网。

淘系电商有着多种多样的广告投放工具（见表 5-2），平台的广告收入主要来自搜索排名、"猜你喜欢"的推荐等效果类广告。与效果类广告相对应的是展示类广告，二者的核心差异在于计费方式的不同。展示类广告按照展现次数计费（CPM）或按照展现时长计费（CPT）；效果类广告按特定行为计费，比如按点击计费（CPC）、按销售额计费（CPS）。

表 5-2　陶系电商广告投放工具

营销工具	细分工具	服务内容	展示位置	计费方式
淘宝直通车	标准推广	买家搜索关键词展现匹配宝贝	PC端：搜索结果页左侧1~3个、右侧16个、底部5个；"掌柜热卖"推广位移动端：搜索结果页每隔5个宝贝；"HOT"展示位	按点击计费
	智能推广	买家设置预算、出价限额、营销场景和推广宝贝进行推广		按预算限额和单词出价限额计费
智钻	展示广告	面向全网精准流量实时竞价的展示推广平台	淘宝、天猫、新浪微博、网易、优酷土豆等媒体展示位	按展示付费和按点击付费
	移动广告	根据用户的属性和访问环境，将广告直接推送至用户的手机	网络视频前后插播视频贴片	按展示付费和按点击付费
	视频广告	获取精准视频流量	PPS、爱奇艺、优酷等大型视频媒体视频播放前和暂停时的广告	按展示付费和按点击付费
超级推荐		面向用户精准推送图片、文字、视频等内容	猜你喜欢、有好货、今日头条等站内外媒体	按展示付费和按点击付费
淘宝客		淘宝客发起活动，卖家挑选商品报名参与推广	淘宝客选择的渠道	阿里巴巴收取支出佣金10%的服务费
品销宝	明星店铺	用户搜索关键词，在搜索结果页最上方优先展示店铺	淘宝、UC浏览器搜索结果首屏XXL号展示广告位	按展示付费
Unidesk		为品牌实现"全链路""全媒体""全数据""全渠道"的大数据营销	阿里巴巴全网	整体方案服务费
达摩盘		帮助需求方实现各类人群的洞察与分析、潜力客户的挖掘；通过标签市场快速圈定目标人群，建立个性化的用户细分和精准营销；通过第三方服务应用市场，解决个性化营销需求		针对每月使用5000元以上的智钻商家免费开放

直通车的原理是让产品在搜索结果的更前排位置得到展示。很显然，

越前排的展示位越宝贵，因为前排的展示位曝光量高、转化率高，能够产生更多的销售额。而在淘宝、天猫平台的搜索页面中，每隔五六个结果就会出现一个广告位。商家需要为这个广告位进行竞价，出价高的方能得到展示。每当用户点击这类广告位上的商品时，平台就会向商家收取相应的费用。

超级推荐与直通车的机制较为相似，二者的不同点在于直通车作用于搜索结果页面，而超级推荐作用于"猜你喜欢"推荐页面。推荐和搜索是淘宝平台内商品的主要展示区，其中推荐主要位于App首页、购物车、收藏夹、商品详情页下方等位置。

而对于非广告位，平台将综合考核产品与关键词的匹配度、销量、转化率、好评率、商家评分等指标，来决定让哪些产品得到前排展示，这些指标被称为"权重"，权重高的商品能够得到更多的自然展示。投放金额比较高的商品通常销量更高，也自然更容易得到高权重。因此对于商家而言，保持在核心产品上的不断投入是必要的，否则他们会被竞争对手挤下去，这也就为阿里平台带来了源源不断的广告收入。

近年来，阿里巴巴的货币化率不断增长。将货币化率拆解成佣金、广告费两部分：阿里巴巴的整体货币化率约为4%，其中2.5%～3%为广告费货币化率，1%左右为佣金货币化率（见图5-10）。我们很容易发现广告货币化率高于佣金货币化率，且持续增长；佣金货币化率基本保持稳中有升。事实上，天猫每个品类的佣金货币化率很少发生变化。阿里巴巴佣金货币化率的小幅提升主要来自：①天猫平台成交额占比的提升，淘宝平台不收取佣金，天猫占比越高，佣金货币化率越高；②天猫高佣金货币化率品类的成交额占比提升。广告费货币化率的提升是平台货币化率增长的核心驱动力。不难想象，随着互联网的流量越来越珍贵、商家之间的竞争越来越激烈，未来阿里巴巴的广告费货币化率还有可能进一步提升。

图 5-10　阿里巴巴货币化率及构成

资料来源：阿里巴巴年报。

为何阿里巴巴的广告费货币化率能够连续多年实现增长？

第一，阿里巴巴推出了 B2C 平台"天猫"，直接与品牌商合作。天猫与淘宝的核心差异在于，天猫为品牌方提供了更为全面和周到的渠道管理体系和品牌营销工具。在天猫推出之前，淘宝是个 C2C 模式的平台，平台上的商家主要是下游的经销商和零售商。天猫平台上线之后，品牌商逐渐入驻开设旗舰店。我们知道，品牌是消费产业链中利润最为丰厚的环节，因此向品牌方直接收费的空间更大。而品牌的入驻也一定程度上推动了平台上展示广告、品牌广告的发展。

第二，增加移动端广告库存。广告库存可以直接理解为广告位的数量，这个指标与广告收入、货币化率都有较强的相关性。在由 PC 端向移动端过渡的初期，App 端的货币化率并不高，广告展示的位置也不多。2013 年阿里巴巴开始在手机 App（包括淘宝 App、天猫 App）中引入在线营销服务，带来直通车、超级推荐等重要产品，同时带来了更多样的广告形式和推广服务，此后阿里巴巴移动端的广告库存和货币化率都持续提升。

第三，上线"千人千面"的推荐机制。2016 年 9 月，阿里巴巴对算法进行了重要更新，上线了基于用户行为数据的个性化算法推荐。改版后的算法能够通过用户的浏览行为、过往购买行为来判断用户的喜好，从而提升展现结果（包括搜索和推荐结果）的精准度，提升购买转化率。这个转化也同样提升了阿里巴巴平台广告投放的点击率，从而进一步提升平台的货币化率。

拼多多也是一个"卖流量"的平台

从平台经营实质上来看，如今的拼多多与阿里巴巴差异不大，都是通过商家的投放来盈利。拼多多和阿里巴巴的主要区别在于平台上的商家构成不同，以及用户对于这两个平台的心智定位不同，即淘宝天猫代表品牌商品，而拼多多代表非品牌商品或折扣商品。

因此，所谓"拼多多取代天猫"的可能性不大。拼多多是去品牌化的电商平台，而天猫是品牌化电商平台。这两类平台面向不同的用户、不同的商家，赚的是不同的钱。二者之间的关系就像线下的集市和购物中心，它们面向不同的需求，也不存在谁取代谁的关系。天猫未来的发展不太容易受到拼多多的大幅冲击。

拼多多如果不能实现品牌化，那未来的潜在盈利能力还高吗？高。去品牌化不意味着没有盈利能力，拼多多的货币化率已经接近阿里巴巴了。我国的消费品制造业世界领先，在多个地区拥有多类消费品产业集群，如浙江小商品、江苏家纺等，这些集群的产品物美价廉却缺乏销路，而拼多多是一个好的去处。这是一个三赢的格局：消费者方便地买到物美价廉的商品，实现消费升级；产业内的工厂得到重要的销路，提升盈利水平；而拼多多通过先进的算法等技术手段精准匹配商家和消费者，并通过运营手段保证商品质量，最后从商家的投放中盈利。在拼多多上不太可能跑出具备强大品牌力的新品牌，但拼多多本身的未来发展还是值得期待的。

5.5 结语

中国电商的规模世界第一，是美国的约三倍。电商早已渗入我国居民生活的方方面面，也是我国消费的重要增长引擎。

我国电商集中度高，前三大平台阿里巴巴、京东、拼多多 2020 年的市场份额合计超过 3/4。

电商模式分为两种：平台模式和自营模式。在头部平台中，天猫、淘宝、拼多多是平台模式，京东是自营模式。

我国平台模式电商占据主导地位，2020 年阿里巴巴和拼多多的市场份额超过 60%。

平台模式类似于线下的商业地产，是收租生意，主要赚广告费；自营模式类似于线下的商超，是买卖生意，通过提高效率赚价差。

| 第 6 章 |

供应链
中国消费的底气

"世界工厂"是这个时代里专属于中国的称号,中华民族用勤劳的双手打造了世界首屈一指的制造大国,在此过程中也产生了申洲国际、创科实业这样的百倍股。强大的供应链将会是未来相当一段时间内推动中国消费产业持续发展的动力源泉。为什么拼多多的东西便宜?为什么中国跨境电商厉害?这都可以从中国的供应链体系中找到答案。在6.1节,我们将用大量的数据和案例向大家全方位展示中国供应链的强劲实力;在6.2节,我们将通过产业带实地调研实录,与大家一起感受产业带的强大与困顿;在6.3节,我们将讨论跨境电商等由中国强大的消费品制造业催生的投资机会。

6.1 数解中国供应链

在消费产业链中,加价率最高、利润最丰厚的环节通常是品牌,而供应链是利润率相对较薄的环节。也就是说，我们在日常生活中买到的绝大多数消费品，其出厂价要远远低于终端零售价。这个差价有多大？加价率的图都不足以展现这些数字的夸张。下面我们用一些真实的案例为大家展现消费品的出厂价。

在拼多多、1688上，我们很容易找价格低廉但质量过硬的商品（见图6-1）。市面上售价数十元一个的发夹，在1688上的售价低至0.5元一个；品牌门店里数十元一双的袜子，在1688上的售价低至2～3元一双；商场里售价大几十元的瓷器盘子，在1688上的售价可低至十余元；大品牌蓝牙耳机售价动辄上千元，而在拼多多上只需20元就能买到堪用的产品……当然，我们不是说常规渠道上的高价商品和拼多多、1688上的平价替代品没有差别，重点在于：在我国强大的商品供应链之下，质量过硬的商品能以低廉的成本大量产出。

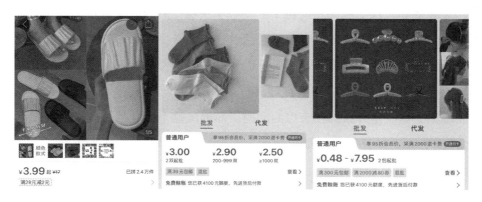

图 6-1　拼多多、1688上有许多高性价比的消费品

资料来源：拼多多、1688。

而在产品质量、供应链效率等方面，中国本土供应链也不遑多让。

在质量方面，"中国制造"已经逐渐变成"质量高"的代名词，就算是对工艺要求极高的奢侈品皮包，中国也有水准之上的生产制造能力。事实上，根据弗若斯特沙利文的数据，早在 2010 年，中国就已经是全球最大的奢侈品皮具代工地了。以销售额计，当年中国在全球奢侈品皮具代工市场中的份额已经高达 42%（见图 6-2）。

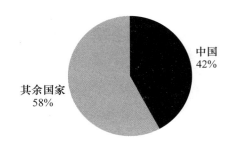

图 6-2　2010 年全球奢侈品皮具代工市场份额（以销售额计）

资料来源：弗若斯特沙利文。

在效率方面，我国供应链工厂"小单快反"的响应能力领先世界。对于品牌和下游商家而言，库存是经营过程中非常令人头疼的问题：备货积压会影响资金流转，在极端情况下清仓甩卖将有可能带来直接亏损；但若热销商品脱销，将白白错失良好商机。"好卖的产品没有货，不好卖的产品堆积如山"是大家都在头疼的问题。而解决这个问题的方案就是"小单快反"：所有的产品先小批量试产，发现好卖的爆品就快速加单补货，不好卖的话也不会亏太多。"小单快反"能力从供应链反哺品牌端，正逐渐成为品牌商们的核心竞争力来源。2020 年在海外爆火的跨境女装品牌"SheIn"，正是充分发挥了我国服装供应链的优势。SheIn 通过供应链管理的优势，将产品打样流程缩短至最快 7 天，这甚至比 Zara 最快的时候还要快一倍；每次下单最少可以生产 100 件衣服，大幅减轻了库存压力。

我国供应链的强大，也能从各种各样的统计数据上得到展现。据工信部 2021 年报道，我国制造业（2010 年之后）已经连续 11 年位居世界第一。2020 年中国的工业增加值达 31.3 万亿元，其中制造业增加值为 26.6 万亿元，占全球的比重接近 30%。我国工业拥有 41 个大类、207 个中类、666 个小类，是世界上工业体系最为健全的国家。在 500 种主要的工业产品中，有 40% 以上的产品产量位列世界第一。我国工业在高端制造方面的竞争力也在不断增强，光伏、新能源汽车、家电、智能手机、消费级无人机等产品实力居世界前列。

我国制造业具备较高的完善程度，形成了多个发达的产业集群，大部分原料都能在国内完成采购。我们通常用海外增加值占总出口之比来衡量一国供应链的完整度，占比越小，表明供应链越完整。如图 6-3 所示，2016 年我国制造业海外增加值占总出口的比重为 17.5%，远低于印度、韩国、泰国、越南等亚洲主要国家。从制造业原料可得性上看，我国的工业体系也具备一定的优势。如图 6-4 所示，中国制造业企业能在国内购买到 76.3% 的机械设备以及 69.9% 的原材料及中间品，而在海外国家，这两个数字的平均水平分别是 60.2% 和 46.4%。

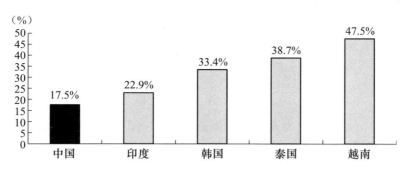

图 6-3　2016 年各国制造业海外增加值占总出口之比

资料来源：OECD。

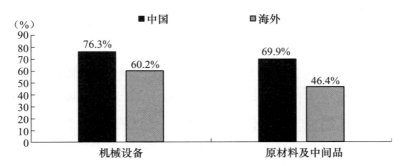

图 6-4　2016 年中外制造业上游原材料能在国内购买的比重对比

资料来源：Bloomberg。

国内完备的制造业体系和稳定的经营环境，使得我国制造业具备无与伦比的韧性和抗打击能力。如图 6-5 所示，2020 年，在新冠肺炎疫情蔓延的情况之下，世界各国的供应链均受到了不同程度的影响，但我国的供应链受影响程度最小、恢复速度最快。PMI 指标可以很好地反映经济的强弱，从 PMI 上看，疫情对我国经济的影响主要发生在 2020 年 2 月，此后经济于 3 月快速恢复；而疫情对部分海外国家经济的影响持续了 2～3 个月甚至更久。这一组数据充分体现了我国供应链的韧性，也让我国在新冠肺炎疫情期间成为最主要的出口国。

在各大消费品细分行业里，"中国制造"也占据着举足轻重的地位。于服装产业，我国拥有多个成型的产业集群，多个细分产品的产量世界领先。如图 6-6 所示，2019 年全球大约 55.5% 的鞋类产自我国。图 6-7 展示了 2019 年全球部分主要家电制造国出口额的占比，我国以 40.0% 的份额遥遥领先。我国的消费电子产业链也非常发达，在苹果披露的 2020 年前 200 家供应商名单（累计占采购额的 98%）中，有 154 家供应商在中国大陆设有工厂为苹果供货，或总部就在中国大陆。

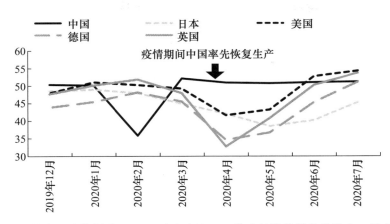

图 6-5　疫情期间中外制造业 PMI 对比（以 50% 作为经济强弱的分界点，越高越好）

资料来源：Wind。

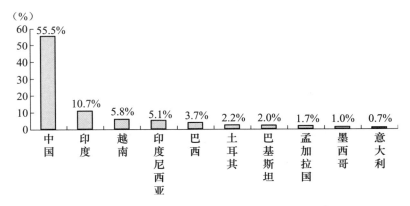

图 6-6　2019 年世界鞋类产量份额前 10 的国家

资料来源：智研咨询。

有关我国强大制造业的数据不胜枚举，对于大家在日常生活中接触到的大多数商品，我国都拥有世界最强的供应体系。在我国制造业中也蕴含着大量的投资机会，如可以寻找国内那些正在冉冉升起，但还不具备统治地位的产业，即"国产替代"逻辑。这是制造业投资领域的范畴，不在我们的讨论范围之内。我们也可以寻找新兴的需求，即"渗透率提升"逻辑，在这个逻辑下我们可以投资整条产业链，即渠道、品牌、供应链三个环节的核心标的。还有一个方向是投资于帮助现有优质供应链兑现价值的资产，即"优质供应链品牌化"，这是本章的重点内容，我们将在接下来的两节中详细展开。

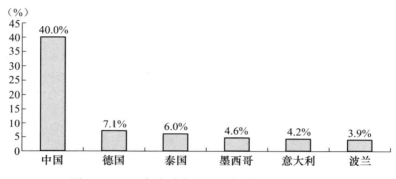

图 6-7　2019 年全球家电出口额占比前六的国家

资料来源：智研咨询。

6.2　亲临中国制造一线：南通家纺调研实录

为了让大家更深入地体会中国制造业的强大之处与困难之处，本节我们与大家分享 2019 年新冠肺炎疫情之前的一段家纺产业链调研之旅。

叠石桥简介

我们去的地方是江苏省南通市叠石桥（见图 6-8）国际家纺城。叠石桥隶属于江苏省南通市海门区，距离南通市中心站大约 50 公里。叠石桥的支柱产业是制造与销售家纺产品，即大家通常所说的"床上四件套"，主要包括枕头和抱枕、床单、被单、被芯等。整个地方几乎就是一个家纺产业链集群，差不多所有人都围着家纺产业链上下游工作，从各类原材料的供给、成品加工，到展示招商、快递收发，乃至线上店铺的经营培训，一应俱全。

图 6-8 叠石桥地理位置

叠石桥不算大，核心区域的面积不到 100 平方公里。但这么一个小小的地方，却是世界的"家纺之都"。根据我们在调研过程中了解到的信息，全球大约 60% 的家纺产品产自这个地方。可以认为，在全球家纺领域，"中国制造"几乎等价为"叠石桥制造"。

叠石桥最著名的建筑是叠石桥国际家纺城。据其官网介绍，截至

2022年3月，叠石桥国际家纺城拥有1万多间商铺，家纺产品的全国市场占有率超40%，并远销五大洲130余个国家和地区。而这个建筑实际上只是叠石桥家纺城的一个交易中心，有一些经销商在此开店经营，把叠石桥地区产出的家纺产品展示并销售给从世界各地来到叠石桥采购的商人。但这个建筑只是叠石桥家纺产业的冰山一角，广义的叠石桥家纺是产业链层面的，覆盖了家纺的各个环节，包括生产、运输、销售、营销等。

叠石桥具备完整的家纺产业链

几乎整个叠石桥都围绕着家纺产业。从上游原料，到整件制造批发，再到与家纺制造销售有关的配套服务，五脏俱全。最有意思的是，很多产业形成了以一条街为单位的集群，比如纽扣一条街、花边一条街、包装一条街等。

家纺产品用到的各类布料、花边等原料和被套、被芯等套件，在叠石桥都能找到相当多的工厂负责相关产品的定制和加工。对于蚕丝等特殊材料，叠石桥也有相关的工厂做加工。大多数加工厂会在各个卖原料的工厂店展示其产品，本地或者外地的家纺厂商会根据展示的样品洽谈订货。

这些工厂店和产业集群的细化程度会超乎很多人的想象。叠石桥甚至有一个"标签一条街"，整整一条街都做纺织品的标签。我们进过其中一家店，看到满墙都是其合作客户的商品标签，我们询问为何没有看到南极人、水星、罗莱等上市公司品牌的标签，店主回应："我们是叠石桥不算大的店，它们是大品牌，和叠石桥这里有合作，但没有和我们合作"。其实，我们在日常生活中接触的许多常见的品牌，不论是大型还是中型的，在叠石桥这样的产业带中，都是"巨无霸"级别的。

比"制造"更难的事情是"销售",销售所需要的"品牌"具备护城河

在叠石桥,基本不存在家纺产业链满足不了的需求:从丝、绒、布等原料,到被套、枕芯等成品,再到包装、标签、快递乃至 IT 系统和存货处理等配套服务,都能找到众多供应商。而根据我们实地的体验和感知,各家的产品在质量上的差别没有想象中的那么大,非从业人士基本上很难感受到特别明显的差异。

但现在绝大部分厂商面临的问题是:造出来了之后怎么卖掉?酒香也怕巷子深,卖是一个比制造难不少的事情。卖货涉及品牌认知、渠道扩张等,需要多方面、多年的累积。对于很多品类而言,卖的壁垒比研发、设计、制造等环节更高。能制造、缺品牌、卖不掉,是叠石桥最常见的问题。

在叠石桥,我们能看到很多"贴牌加工、一件代发"的牌子。什么是贴牌加工?是我能设计,能制造,但是没有品牌,没有销路。谁如果有品牌、有渠道,那可以直接在我的产品上贴牌销售。什么是一件代发?这是一个电商术语,如果你能够在电商平台上开店找到买家,你就不用进货,不用备库存,而是和我签协议,在你收到订单之后,我直接帮你发货,这类似于线下零售的"代销"模式。

叠石桥大部分店铺是做批发的工厂店,并不做品牌。街上有少数品牌店铺,但这些品牌本身的规模并不大,在淘宝、天猫、京东等平台上的搜索顺位不是很靠前,在外地也很难见到它们的门店。当然,即便是这类品牌,它们店里的商品相比非品牌商品,也有了一定的溢价。

工厂店是工厂样品的招商和展示窗口,这类店铺才是叠石桥家纺制造业的灵魂所在,也是叠石桥最有意思的地方。它们的产品价格都很便宜,

只批发，很少或基本不做零售。工厂主们把样品放在工厂店里引流，期望能够找到合适的卖家。

据工厂店的店主介绍，现在要做一个新的品牌出来，不说做到销量多么靠前，仅仅是"让消费者不用找太久就能看到"，就是一件难度颇高的事情。对于大多数店主而言，他们知道其产品的质量不亚于很多大品牌，但没有品牌销路不好，其自身也没有去做新品牌的打算。做品牌是一件风险相对较高的事情，品牌商品的库存会占用大量的现金流，也有失败的风险。因此对于很多工厂主而言，做一个新品牌是一件吃力不讨好的事情。

工厂店的大多数产品在电商渠道上销售，除了淘宝、拼多多，还有微商等渠道。这些店铺只负责生产和展示样品，然后等待下游商家前来拜访。这些店铺聚集在一起，每家店都是一个展示自家工厂产品的地方，全国各地的家纺经销商来到此地洽谈进货。这些经销商包括寻找贴牌产品的品牌商、小店的店主，或者某些拥有品牌授权的经销商。客户如果对工厂店里的产品感兴趣，可以询价和订货。工厂主也大致知道当下有哪些爆款，并对此有所准备和倾斜。就设计而言，这些工厂大都有自行设计的能力，客户提供设计做代工也行。关键在于品牌，产品最后都要贴上牌子才好卖，而工厂本身一般不做品牌。

也有很多产品通过一件代发的模式销售出去。很多前来进货的经销商根本无须接触实体的货物，他们直接给产品做图文视频介绍，放到电商平台上销售，收到订单之后直接让工厂发货。我们在叠石桥"淘宝一条街"的工厂店门口，常能看到密密麻麻的待发快递，准备发给全国各地的消费者。在这个模式下，经销商只负责网店的运营（包括商品展示页面的设计、关键词投放和活动引流等）。

从产业的价值链分配情况上看，各环节的加价率基本对应其经营壁垒。总的来说，大多数家纺产品的直接成本不高，但消费者买到的商品往往经历了层层加价，最终并不便宜。我们在叠石桥看到某款手感非常不错的床上四件套产品，批发价格大约为150元，但天猫上差不多的产品，售价高达300～400元。

总之，家纺产业链的难点不在于造，而在于卖。拥有好的品牌和销售渠道，比制造更重要。这也说明，在服装等产业中，销路往往比生产能力更值钱。

6.3 如何兑现中国消费品供应链的真正价值

中国具备全世界最发达的消费品供应链，但由于品牌和渠道环节的不足，这些供应链的价值并没有被100%兑现。优秀的供应链厂家由企业家和产业工人勤劳的双手所打造，是我国消费行业里有待发掘的金矿，蕴含大量的投资机会。这类机会可以归结为三类：第一，尝试品牌化，做国内品牌；第二，通过稳定的品质成为大品牌的核心供应商；第三，品牌化出海，将优质供应链的优势推向全世界。

优质供应链品牌化或是未来消费行业的重要机会

国产品牌崛起将会是未来数年内我国消费行业最大的投资机会之一。这首先是因为我国的综合国力强盛所带来的文化自信思潮，使得大家对国产品牌产生天然的倾向性。其次归功于我国强大的消费品供应链，谁家的东西好用，谁家的东西不好用，相信消费者的眼光是最雪亮的。如今大多数国产消费品的质量已经完全不亚于舶来品，同时更接地气，性价比更高。最后，在中国的经商环境和消费渠道里，了解中国文化、能够适应互联网和电商经营环境的本土品牌，在不断建立和累积渠道建设、行业话语权、用户口碑等多方面的优势。

我们也发现，产业链里的大多数工厂主，对于自己做品牌这件事热情并不大，他们一方面垂涎大品牌丰厚的利润，另一方面希望能够安安心心地搞生产，希望能够得到大品牌的垂青。做出一个大品牌比生产出质量过硬的商品更难，因为品牌的经营涉及品牌营销、渠道管理、供应链管理等多方面的细节，对于中小企业主而言是一件比较难的事情，同时也会占用较大的资金，带来较高的经营风险。

成为大品牌的核心供应商，是供应链企业的重要成长方向

与头部大品牌建立长久稳定的合作关系，是优质代工厂兑现价值的一条主要路径。消费品产业链加价率最高的环节通常是品牌，头部的大品牌拿到了产业里大多数的毛利润。这些利润丰厚的大品牌自然愿意与其合作伙伴共享经营的成果，它们的订单价值高、量大且稳定。如果能够成为头部品牌供应链中的重要组成部分，供应商的长期盈利能力就能得到一定的保障。

但这些大品牌对其供应商的要求也更高，成为这些品牌的合作伙伴是对代工厂内功的考验。第一，代工厂要保证稳定的质量和足够的合格率，因为质量低下的产品有可能会一夜之间毁掉大品牌多年以来积累的口碑。第二，代工厂要保证出货的效率，天下武功唯快不破，在互联网时代，品牌方也需要快速响应市场动态以保持竞争力。第三，代工厂也要保证其经营的正规性，因为品牌方一定不会希望因为代工厂的经营和管理问题而使得自己的口碑受到影响。可以说，大品牌在供应商的选择上是非常严格的。

管理能力是供应商的一个核心壁垒。供应商通常需要聘用大量的员工作为制造人员，而为了保证成本，大部分制造人员的学历并不高。如制鞋企业华利集团 2020 年 6 月拥有 11 万名员工，其中 10.5 万（95%）为制造人员；在 11 万名员工中，有 97% 的学历为大专及以下。再如针织服装制造商申洲国际 2020 年 12 月底拥有 8.9 万名员工，其中大多数为制造人员；

从学历上看，有 94.7% 为中专、高中及以下学历。在日常生产中，供应商需保证生产线的流畅运转，按质按量完成。考虑到工人的熟练度会随着生产逐渐提升，企业不但要打造完善的员工培训体系，还要尽可能保证工人的留存率。如果工人流动太快，熟练度不高，生产效率和质量将会受到影响。保证如此大规模的制造人员每天有序运转，并控制员工成本，是这类制造企业的一个核心实力所在。

与品牌方构建的合作关系也是一个重要壁垒。为了保障质量的稳定和管理的便利，大品牌的供应商构成会相对比较稳定。有时候品牌方甚至会主动向供应商输出管理方法和制造工艺，以提升产品的总体质量。因此，在没有出现重大问题的情况下，品牌方通常较少更换其核心供应商。这样一来，与品牌方建立的合作关系就成了供应商的重要经营壁垒：稳定的合作关系意味着稳定的订单，同时这种关系也为供应商挡住了部分潜在竞争对手。

以耐克和阿迪达斯为例，近年来，与头部品牌合作的供应商数量呈减少趋势。耐克的服饰类供应商从 2014 财年的 430 家下降到了 2021 财年的 344 家；阿迪达斯 2015 年的核心供应商数量超过 1000 家，而到了 2022 年 1 月已减少至 509 家。头部品牌的供应商也在经历一个大浪淘沙的过程，头部品牌倾向于留下更少、更优质的工厂，并与之不断加深合作关系。2021 年，耐克前五大供应商合计约占其品牌服装生产总量的 51%。

申洲国际就是一个通过深度绑定国际大品牌，实现收入和利润增长，进而为投资者带来巨额收益的例子。2020 年，申洲国际已经成为全球最大的纵向一体化针织制造商之一，服装年产量约 4.4 亿件，主要客户包括耐克、优衣库、阿迪达斯、彪马等国际知名品牌。据公司公告，2020 年申洲国际的前五大客户贡献了集团 87.27% 的销售额，可以认为申洲国际的大部分业绩，以及过去十余年的增长驱动力，都来自这些国际知名品牌。

凭借业绩的持续稳定增长，申洲国际实现了"戴维斯双击"。如图

6-9所示，自2012年初至2021年底，申洲国际的股票上涨了17.1倍。这个增幅是在业绩和估值倍数的共同提升下实现的：公司的归母净利润增长了2.28倍，其余的增长来自估值的提升。诚然，新冠肺炎疫情的影响压低了申洲国际的业绩，不然归母净利润会更高。这组数据展现了申洲国际的价值不断被资本市场发现并认可的过程：一开始申洲国际并未收到足够的重视，而随着公司与头部品牌的合作逐渐加深，公司展现出明显的经营壁垒，业绩也持续增长，进而推动了在资本市场上的估值上升。

图6-9　申洲国际前复权股价涨幅

资料来源：Wind。

跨境电商是我国优质供应链突围的另一个重要方向

近年来，跨境（出口）电商成为消费行业中持续快速成长的一个重要领域，在一级市场和二级市场中都有较高的热度。从行业规模上来看，我国跨境电商的市场规模从2016年的1.7万亿元增长至2020年的4.6万亿元，四年间的复合增长率为28%（见图6-10）。

跨境电商近年来的飞速发展，与国内制造业的领先优势密不可分。简单地总结跨境电商的发展逻辑，就是"国内5元人民币生产出来的东西，拿到国外卖5美元，对方还觉得很便宜、物美价廉"，本质上就是国内供应链的降维打击。

图 6-10　中国跨境电商市场规模与增长率

资料来源：艾瑞咨询。

为什么是电商，而非传统的线下渠道？第一，海外的电商渠道尚未成型，存在弯道超车的空间；第二，线上渠道的开店成本低，且我国商家在电商渠道上具备更强大的竞争优势。

国内商家在对互联网和电商的理解上具备领先优势。我国的电商规模和电商渗透率在世界范围内处于领先地位，也拥有大量经过激烈竞争后沉淀下来的电商从业人员，他们在剖析平台规则的方法论、对电商消费者心理的把控、对互联网的理解等方面，都展现出一定的优势。这些商家能够很快发现平台规则中比较重要的地方，也善于通过调整平台上展现的商品图片、文字、引导评论等方式促进成交。国内的互联网生态也领先世界，抖音（Tik Tok）出海后快速在国外社交平台中抢占市场份额就是一个例子。

国外电商渠道里的机会更大。它们的线下渠道发展已经基本进入成熟期，而线上渠道仍在发展过程中。如图 6-11 所示，在 2019 年新冠肺炎疫情开始之前，美国的电商渗透率仅为 15.5%；而与此同时，我国的电商渗透率达 20% 以上。海外国家的线下现代零售渠道经过近 100 年的发展，已经进入稳态，现存企业也形成了较高的经营壁垒，新品牌、新商家的机会已经不是那么大了，而线上渠道还在不断涌现出各种机会。另外，线上开店的成本大大低于线下渠道，一方面无须出国，另一方面也无须租金、装修费用、销售人员工资等一系列投入。

图 6-11　美国电商渗透率

资料来源：美国商务部（U.S. Department of Commerce）。

跨境电商大致分为三类，从出现的先后顺序上来说：第一类是只做渠道的"大卖家"，这是跨境电商初期的形式；第二类是做跨境品牌的"品牌商"；第三类是同时做品牌和线上渠道的"独立站"。品牌商和独立站是现阶段的主流形式（见表6-1）。

表 6-1　跨境电商的主要形式

项目	大卖家	品牌商	独立站
简介	在海外开设线上店铺，把国内的现成商品卖到国外	推出自有品牌，在国外的现成渠道上销售商品	自建品牌，自建线上渠道
本质	经销渠道	品牌商	品牌商+渠道
经营风险	较低	较高	高
代表公司	通拓科技、跨境通等	安克创新、Vesync等	SheIn等

大卖家只做渠道，不介入品牌和供应链环节。它们可同时在eBay、亚马逊、Wish、速卖通等多个第三方平台上开设店铺销售商品，有时也会

建设自己的网站开店经营。它们经营的领域广泛，SKU 可达数十万个，可以是国内大品牌的产品，比如小米、华为的产品，也可以是国内产业带品牌的商品，比如白牌的数据线等。跨境通等公司，就属于跨境大卖家。

品牌商聚焦于某些特定的品类，推出自有品牌，以"自主研发 + 外协代工生产"为主要的生产模式。也就是说，它们通常不会自己控制工厂，而是在完成产品设计之后，利用国内高水平供应商为其加工生产产品，贴上自己的品牌，在海外的现成渠道（如亚马逊、沃尔玛）上销售。品牌商的经营风险和初期投入要比单纯做渠道高得多，需要一定的存货和研发设计开支。品牌经营的优势在于能够日积月累形成用户认知，掌握定价权，并逐渐形成品牌溢价。这类企业主要包括安克创新、Vesync 等。

独立站自建电商网站，销售自有品牌的商品，SheIn 就是典型的独立站。做跨境独立站不但能够形成品牌认知的积淀，而且能通过自建网站把握一手的用户数据，夯实经营实力。海外电商行业的市场格局和我国的最大不同，在于独立站的份额比较大。在美国，除了亚马逊之外，其他平台的份额都不高，用户也习惯于在各个品牌的官方网站上购买产品，因此在国外，独立站有较大发展空间。做独立站还有一个好处，就是可以做出更加精美的展示页面，这对于服饰类商家来说是比较重要的。亚马逊、eBay 的展现页面总体上比较简约，展现服饰类商品时有所不足，而海外用户 2021 年也暂时没有养成在社交媒体上下单的购物习惯（事实上他们非常在意购物的隐私，因此海外用户是否会像我国用户一样在抖音上下单，需要多久养成这个习惯，都需要时间观察）。因此，独立站对于服装等一些品类而言，是一个非常好的选择。

当然，独立站的启动难度和经营风险都是最高的。第一，海外网购的主要支付方式是信用卡的安全码，用户由于害怕卡片被盗刷，因此很少在自己不信任的平台上下单。第二，亚马逊等平台上的大卖家和品牌商可以直接使用平台提供的仓储服务,但独立站通常需要自建海外仓库,所有的东西都从国内跨境发货,时效性和用户体验都会很差。由于难度大、风险高,独立站在最近几年才逐渐发展起来。

但不论是哪种跨境电商形式,其根基都是我国强大的消费品制造能力。近年来中国商家走出国门、在海外大杀四方的背后,其实是强大制造业的降维打击:我国的消费品供应链,在产品性能、质量、价格、对需求的响应速度等方面,都有一定优势。辅以国内商家在电商运营上的优势,跨境电商有望成为未来的重要投资机会。

6.4 结语

不同于许多老一辈人心中"进口产品质量好"的刻板印象,如今的中国消费品供应链已经屹立在世界之巅。供应链企业的核心竞争力在于规模化生产能力、管理能力、成本控制能力等,优秀的供应链企业不仅在这些方面表现优秀,也往往绑定了行业中的龙头品牌。这些供应链企业通过一流的制造能力维系与品牌商之间的联系,而龙头品牌的稳定大订单也给这些供应链企业带来了丰厚的利润。

供应链的强大还体现在品牌、渠道上。许多产品物美价廉、用户体验优秀的新品牌,往往背靠着国内一流的产业集群。像社区团购、跨境电商这类具备明显价格优势的新渠道,其低价的根源也是供应链。强大的消费品供应链,是未来中国品牌、中国消费品渠道持续崛起的有力支撑。

| 第 7 章 |

什么是品牌力

"品牌力"是大家经常听到的一个词语,但品牌力的定义是什么?有的人认为是品牌的名气,有的人认为是品牌的市场份额,也有人认为是品牌公司的综合实力。本章我们为品牌力提出一个定义:品牌力就是消费者愿意为品牌付出溢价的程度。7.1 节将介绍一个反直觉的观点:卖价格带可能比卖货更重要,对很多品牌商而言,可以亏钱但不能降价;7.2 节提出判断品牌所处阶段的范式,用以帮助大家判断品牌溢价属性的高低;7.3 节用直播电商作为案例,讲解在面临一个新模式时如何找到投资方向;在 7.4 节,我们会讨论为什么从拼多多里走不出新品牌;在 7.5 节,我们会看到波司登是如何实现品牌升级的。

7.1 定价能力是衡量品牌力的重要标准

"'双 11'战报:10 分钟成交额超去年全天,荣登天猫类目榜榜首!"

每逢大促，我们都能在各大社交媒体、新闻网站上看到各种各样类似的品牌战报，而下面可能就是"'双11'内卷，商家哭诉流量贵、不赚钱"的新闻。这两个场景产生了鲜明的对比。既然不赚钱，为何商家要花大力气宣传、促销、做销售额、发战报呢？

答案是："卖货"和"卖价格带"是品牌经营的两大目标。卖货即提高销量获取利润，卖价格带即维持知名度和品牌价格带。品牌商家在大促中行动的主要目的是提升知名度和价格带，更多是营销维度的考量，而非获利行为。

商家大肆宣传促销节的战果，和促销节不赚钱这个事实并不矛盾。参与"双11"、头部主播带货等，品牌商通常并不能盈利，甚至卖得越多亏得越多，但商家还是常常选择加大促销力度。这时候"超低折扣刺激销量"不是商家的目的，而通过销售行为告诉消费者原价，并广为宣传，才是更重要的目标。此时提高知名度、塑造价格带，可能比短期盈利更为重要。

品牌商一般会分开考量卖货和卖价格带这两件事。卖货赚钱关乎品牌的生存和短期业绩表现，保持一定的销量和规模是品牌的生存基础。品牌认知建立在销售规模之上，若商家达不到一定的规模，就很难被称为"品牌"。而卖价格带则关乎品牌商长期的定位、形象与价值。

比如我们常见的许多消费品品牌，毛利率可高达40%以上，它们为什么不降价20%~30%，在保证毛利为正的前提下薄利多销、抢占更多市场？因为价格带一旦降下去，就很难重新抬起来了。降价在短期能带来丰厚的业绩，但长期来看，却是一种毁灭品牌价值的行为。

对于一个品牌的长期发展而言，价格带常常比销量更重要。如果以某些价格售出商品会损害价格带，那么就算边际利润为正，品牌商也宁可不卖。在品牌没有面临生存问题时，保持并提升价格带的优先程度一般会高于提高销量。

这也是为何有一部分大品牌会抵制新兴渠道。部分新兴渠道（如拼多多、早期的淘宝等）以低价位为核心竞争力，并没有渠道管控、帮助大品牌稳住价格带的能力。对于成熟品牌而言，定价权优先于销售额，因此它们不会冒着影响价格带的风险进入这样的渠道。直到2021年底，拼多多上仍然没有耐克的旗舰店，阿迪达斯也只在拼多多上开了"奥特莱斯店"，专门用来处理折扣商品。

品牌的定价能力有时体现在产品售价的稳定性上

商场的销售似乎很喜欢对顾客说"我们家产品从来不打折"，其潜台词是"我们这个品牌很牛，定价能力强"。品牌能维系产品销售价格的能力，代表着它的定价能力。定价能力强的品牌，其产品的价格一般比较稳定，很少打折，打折幅度也不大；反之，若产品上市一段时间后总通过大幅打折出货，则体现出产品定价能力不足。

比如，薇诺娜是一个定价能力较强的国产化妆品头部品牌，"不打折"就是它的标签。从部分国内外知名品牌大单品2020年11～12月天猫旗舰店的价格对比中分析得出，薇诺娜在大促期间调价时间最短、调价次数较少（仅在11月1～3日和10日降价），且调价幅度不高于国际品牌雅诗兰黛，在几个国内外知名品牌中价格锚定水平较高，品牌定价能力强（见图7-1）。

相信任何一个高瞻远瞩的成熟品牌都会把品牌价格带放在比短期的成交额与业绩更加重要的位置上。价格带关乎品牌资产的用户认知和长期价值，重要性一定远高于当期业绩。任何一个优秀的品牌，都应该具备定价能力（不打折）、溢价能力、涨价能力。我们可以通过品牌对于价格的掌控能力找到品牌力出众的优秀企业。

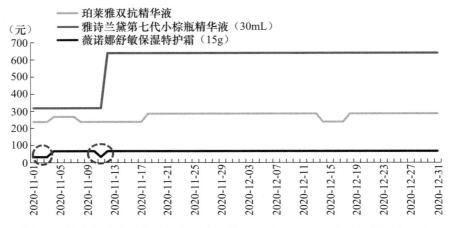

图 7-1　部分国内外美妆护肤品牌大单品 2020 年 11～12 月天猫旗舰店价格

资料来源：taosj.com。

7.2　品牌分级体系：从 1.0 到 4.0，提价能力逐级增强

我们可以很容易感知到，不同消费品品牌的经营壁垒和品牌价值天差地别。其中，溢价能力是一个非常重要的指标，它能够直接反映品牌的质地以及未来发展潜力。有一些品牌的商品需要消费者加价抢购，而另一些品牌的商品即便高价让利也门可罗雀，显而易见哪些品牌更值钱。如何判断品牌的溢价能力，什么样的品牌会具备更高的溢价能力？

根据定价能力的不同，消费品品牌可分为 1.0 到 4.0 四个阶段：

- ▶ 品牌 1.0 是"品牌即认知"，代表品牌提供了基础的质量保障，并做到了规模化生产；
- ▶ 品牌 2.0 是"品牌即优选"，代表品牌具备基础的溢价能力；
- ▶ 品牌 3.0 是"品牌即品类"，行业大部分自然流量导向少数品牌；

- 品牌 4.0 是"品牌即身份",这类品牌拥有极高的溢价,其定价几乎完全脱离成本。

从 1.0 到 4.0,品牌的溢价能力不断增强。品牌 1.0 对应第 4 章中提到的省心型品牌,品牌 2.0 到品牌 4.0 对应悦己型品牌。省心型品牌面向只想快速找到具备基础质量保障且价格公道的商品的消费者,而悦己型品牌则面向以购物为乐趣,期望买到高品质商品,或期望彰显身份与格调的消费者。

品牌 1.0:品牌即认知

我们生活中接触的大多数大众消费品品牌,属于品牌 1.0 的范畴。这类品牌的核心价值是组织生产,实现规模化降本增效,并且保证产品质量合格。这些品牌的存在大幅提升了消费品产业的运转效率,并提供了质量背书,降低了消费者的搜索成本。矿泉水里的怡宝就属于此类品牌,当我们在口渴时,只需要在街边便利店买一瓶怡宝就能解决需求,且基本无须担心它在品质上出问题。

优衣库也是一个典型的省心型品牌。从价格上看,优衣库定价普遍不高,主打大众价位;在品类上,优衣库覆盖面较广,从内衣到西装,从围巾到拖鞋,我们都能在优衣库门店买到;在渠道方面,截至 2020 年 8 月,优衣库在我国境内的直营门店数量达到 767 家,海量的线下门店保证了良好的消费者触达。

在生产端,迅销(优衣库母公司)将数百家工厂组织起来,形成具备广泛认知的品牌。根据优衣库官网公布的供应商列表,2021 年 3 月,优衣库从 333 家核心供应商(以工厂个数计)采购商品(部分核心代工厂见表 7-1)。从如此多的工厂中采购商品,同时保证各个型号和尺码的产品的质量与库存，这体现了优衣库作为一个省心型品牌所起到的组织生产功能。

表 7-1　优衣库部分核心代工厂

供应商	简　介
晶苑国际	港股上市公司，服装制造业行业龙头，H&M、Gap、李维斯、安德玛等的代工厂
申洲国际	A股上市公司，针织成衣制造巨头，耐克、阿迪达斯、彪马等品牌的稳定供应合作伙伴
即发集团	国内大型纺织服装企业东丽、迪卡侬、安德玛等的代工厂
晨风集团	中国纺织业龙头企业，Champion、Theory、亚瑟士等的供应商
南旋控股	港股上市公司，针织毛衣龙头，TommyHilfiger、Land's End 等的代工厂
维珍妮国际	港股上市公司，龙头文胸制造商，主要客户包括维密、华歌尔、爱慕、曼妮芬等
东丽	日本上市公司，全球最大的功能性纤维产品供应商，Gap、Prada、YSL 等的供应商
凯喜雅	中国真丝绸商品出口龙头企业

试想一下，如果没有优衣库的品牌作为组织者，消费者在挑选产品时就可能得直接面对成百上千家代工厂，在各种各样的选择之中被弄得晕头转向，且难以判断产品质量的好坏。而厂家也无从得知市场的需求，好卖的产品很快售罄，不好卖的产品堆积如山。有优衣库这样的品牌充当厂家和消费者之间的协调角色，有利于产业链整体效率的提升。

类似怡宝、优衣库这类"认知"型品牌面向的是广大主流消费者，可以做到相当大的体量。我国14亿人口催生了一个巨大的消费市场，但我国仍处于发展中国家，该现状决定了大多数消费者的购物开支不会太高。这类亲民品牌恰恰面向的是空间最大的主流市场。

好的"认知"型品牌具备什么样的特质？以优衣库为例：优衣库无疑是近几年在中国最成功的海外快时尚服装品牌之一，其业绩表现和增长势头在快时尚服装公司中稳居前列。优衣库在国内市场取得成功的原因包括：

（1）拥有领先的分销渠道，做到广泛触达。一方面是门店数量，优衣库大多数的门店位于人流量较大的商圈。公司公告显示，2020年8月，优衣库在中国境内的直营门店数量达到767家。767家门店是什么概念？我国最大的连锁超市之一永辉超市2020年6月全国门店数量是938家，与优衣库几乎是一个量级，可见优衣库门店之多。另一方面是线上线下渠道的协同，优衣库提供无缝的购物体验，其天猫旗舰店支持下单后到附近门店自提，这极大满足了顾客对即时性的需求。

（2）品质稳定、性价比高。优衣库的衣服以朴实无华的基础款为主，在款式上没有冒太多的风险，为人称道之处是稳定的品质以及适中的价格。这类具备高普适性的产品，面向最广大的服装消费群体。

（3）接地气，快反（快速反应），对本土文化理解度高。优衣库基础款式的穿搭视频在互联网上广为流传，起到了很好的宣传效果，做到这点的原因是优衣库对于国内互联网社区拥有较好的理解。而"UT"（即联名款T恤）等快速迭代的产品，给了人们时不时进店逛一下的理由。能做到快反的原因则是强大的供应链管理和库存管控能力。

品牌2.0：品牌即优选

这个层级以上的品牌，都具备较为突出的溢价能力。换句话说，"是否具备溢价能力"这一要素决定了品牌能否进入2.0以上的层级。当然，品牌在具备一定销量和认知的基础上产生的溢价才有意义。如果一个品牌没有达到一定的规模，那就连品牌1.0都算不上。

"品牌即优选"意味着在多品牌竞争的情况下，消费者对一部分品牌产生了倾向性，并愿意为之支付一定的溢价。诚然，品牌溢价不会凭空产生，大多数产品产生溢价的原因可归结为：①文化属性认同感；②功能性区隔差异性。

我们以运动鞋为例，此类产品的建议零售价可高达 500～1000 元，相比于其制造成本，无疑是拥有溢价的。该溢价同时包括文化属性认同感和功能性区隔差异性两点（见图 7-2）。文化属性认同感来自品牌，每个品牌背后都代表一种精神，比如"Just do it""Nothing is impossible""一切皆有可能""永不止步"等，对于精神文化的认可会转为对于品牌的忠诚度。功能性区隔差异性来自产品本身，运动鞋可以分成篮球鞋、跑步鞋等多个品种，每个品种下又有多种细分，比如跑步鞋分成缓冲、支撑、控制等条线。这样的细分带来了功能性区隔差异性，不同的人、不同的用途，适用不同的产品。

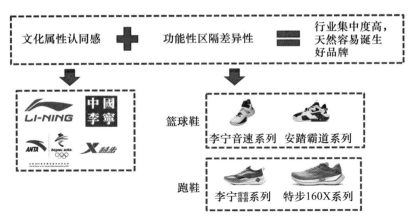

图 7-2　溢价来自文化属性认同感和功能性区隔差异性

2.0 及以上层级品牌的价格，是由品牌的定价能力决定的，而非来自"成本加成法"。很多产品的价格与其物料成本相差甚远，其售价无法用成本来解释。奢侈品包是其中一个例子，中高端的化妆品和护肤品也是这样。化妆品的物料成本通常不足终端售价的 10%，费用主要集中在销售费用（而非研发费用）上。平均而言，售价 100 元的化妆品，其物料及生产成本在 10

元左右。而这100元钱大部分花在了分销渠道环节和品牌商的营销开支上。

跻身2.0阶段的一个国货品牌是安踏旗下的FILA。FILA的价格带领先于行业平均水平，如图7-3所示，2021年7月，FILA的运动服、运动鞋在淘宝平台的平均单价分别是425元、511元，远高于行业平均的115元、271元。横向对比价格带，FILA的整体定价与耐克、阿迪达斯等国外大牌接近。

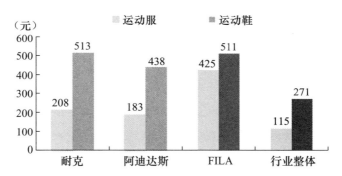

图7-3　FILA、耐克、阿迪达斯运动产品价格带对比（2021年7月）

资料来源：taosj.com。

品牌3.0：品牌即品类

如何简单地理解"品牌即品类"？一想到某些细分品类、特定功能，就自然而然地想到某个品牌。比如很多消费者提起羽绒服就想到波司登，提起智能手机就想到苹果和华为，提起电动车就想到特斯拉，这都是品牌3.0的体现。这类品牌的特点是与品类强绑定，并且具备较高的溢价。

成为3.0品牌的核心在于对行业的控制力。到了这个阶段，品牌一定程度上和整个品类等同。消费者提到品牌就想起品类，提起品类就想起品牌，这使得行业中的大部分自然流量直接被导流给某些品牌。手握海量自然流量，3.0品牌在行业内能拥有非常高的话语权，这成为品牌溢价能力的支撑。

当然我们要注意的一点是，3.0品牌之所以强大，原因是能够通过功能性区隔差异性换取溢价空间。市占率领先只是成为此类品牌的必要条件，而非充分条件。有一些品牌有很高的市占率，却没有涨价空间，它们并不属于3.0品牌，可以称其为"伪3.0品牌"。事实上，这类品牌很容易陷入"价格涨不动、市占率已经饱和、行业规模没有扩张空间"的增长瓶颈。区分伪3.0品牌和真3.0品牌的核心要素，是品牌的涨价能力。

一般而言，功能性赛道更容易产生"品牌即品类"现象，如功能性护肤品、功能性服饰等赛道。原因在于，功能性产品往往代表某种特殊需求，这时专业的品牌通常更容易得到用户青睐，因此头部品牌更容易和某种特殊需求绑定。

功能性护肤品是一个能够产生3.0品牌的赛道。2020年，我国功能性护肤品龙头品牌薇诺娜牢牢占据国内功能性护肤品市场份额第一的地位，其品牌在一定程度上代表了针对敏感肌的功能性护肤品品类。如图7-4所示，2020年薇诺娜在国内的市场份额高达21.6%，领先第二名5%以上。

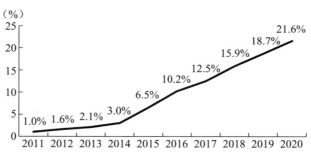

图7-4　薇诺娜在功能性护肤品中的市占率逐年提升

资料来源：Euromonitor。

薇诺娜的市占率持续提升只是结果，其背后的原因在于用各种方式绑定"敏感肌"这个功能性需求，并给消费者留下"敏感肌 = 薇诺娜"的印象。绑定方式是坚持"产学研"合作机制（见图 7-5），寻求专业医师背书。薇诺娜的一部分产品是先由合作医院的医生提出临床需求，之后联合当地高校共同研发的。新品诞生后，由合作医院用于临床辅助治疗，结合临床的良好反馈将产品推向市场。

薇诺娜的部分产品会进驻 OTC[⊖]药房、DTP[⊜]药房等渠道，形成更强的品牌专业性认知。从销售额占比上看，药房不是薇诺娜主要的销售渠道，但进驻药房有助于形成更专业的品牌认知，有利于提升品牌定位。这一系列操作给产品打上了功能性标签，有医院、药房渠道和临床试验为产品的质量背书，薇诺娜成功绑定敏感肌消费群体。

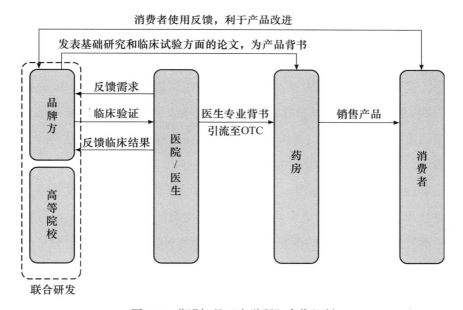

图 7-5　薇诺娜的"产学研"合作机制

[⊖] 非处方药。
[⊜] 直接面向患者。

波司登也是一个"品牌即品类"的例子。波司登自1976年创办以来一直深耕羽绒服赛道，与品类深深绑定，让消费者提起羽绒服就想到波司登。波司登不但市占率高，也具备提价的能力。2018年完成品牌升级后，波司登产品的均价显著提升，高端户外系列、高定系列等高端产品线持续热销。随着用户对波司登形象的认知逐步提升，波司登产品的价格带不断向加拿大鹅等品牌逐渐靠近。

总而言之，品牌3.0的核心在于通过与品类实现强绑定，得到较高的溢价能力。我们可以在日常生活中留意这类"提起品类想到品牌"的现象，在这类品牌里不乏具备独特壁垒和较强涨价能力的重要标的。

品牌4.0：品牌即身份

"品牌即身份"指的是拥有或使用某个品牌的商品，就能够拥有某种身份。此类现象常见于奢侈品品牌以及某些品牌的限量产品，比如拥有AJ[①]球鞋是资深球迷或球鞋收藏家的象征，飞天茅台在一定程度上是高端宴席的象征。这个阶段的品牌拥有极高的溢价，相关商品往往是同品类里最贵的，如奢侈品包、高端白酒、名贵手表等。

4.0品牌定价高的原因，并不是产品的成本贵、工艺难、设计难，抑或是技术含量高等，而更多是品牌定价能力的集中体现。这一点可参考第4章有关奢侈品成本的拆解，售价上万元的奢侈品手袋，出厂价可能仅为200元左右。事实上，部分代工企业具备奢侈品设计、生产的全套能力，但无法卖出高价。归根结底，这是因为定价权源于品牌方长期的品牌沉淀和文化输出，核心壁垒就是品牌本身。

品牌要达到4.0阶段，文化属性认同感可能会比功能性区隔差异性更

---

① Air Jordan，耐克旗下篮球鞋品牌。

为重要。拥有极高溢价的品类往往集合了社交属性和彰显格调两个因素，因为具备这两个因素的产品更容易形成文化属性认同感。当然大多数 4.0 品牌仍然拥有功能性区隔差异性。如很多奢侈品品牌都有其精通的领域：爱马仕之于皮具，劳力士之于手表，巴宝莉之于大衣，等等。功能性区隔差异性一定程度上也是品牌打造文化属性认同感的一个基础条件。

4.0 品牌的产品通常会形成稳定交易的二级市场。对于一般的消费品，二手商品的价格相比原价会有明显折让，且流动性不佳；但某些强势品牌的产品却能够产生广泛流通的二级市场（即玩家间相互交易），甚至产生做市商（比如二手奢侈品专卖店）。这意味着这些产品已经具备"通货"属性，具备极强的价格认知。随着时间的推移，一部分产品在二级市场上的流通价格甚至可能超过产品的原始定价。我们将这类现象称为"品牌 4.0+"。

品牌 4.0+ 意味着品牌价值被市场广泛认同，这不但要求售价较为稳定，还要求拥有一定的成交量。这是很高的要求，当然"有价无市"的情况不在此列。如果达到这个阶段，那么就意味着：市场给产品的定价高出品牌商的定价。

品牌 4.0+ 的经典例子是飞天茅台（53 度）。其定价为 1499 元 / 瓶，但 2021 年 7 月的批发商调货价格已经接近 4000 元 / 瓶，是厂商指导价格的 2 倍以上。如果有哪个幸运儿以原价买到了飞天茅台（53 度），他就可以随时把酒转手卖给酒行，并赚取数千元的价差。

国产品牌定价能力不断提升是国牌崛起的一个体现。

一个值得注意的现象是，部分国产品牌的运动鞋开始出现"品牌 4.0+"现象。图 7-6 统计了 2021 年 7 月底得物平台上成交量较高的李宁二手鞋中价格最高的六款鞋。其中，"绝影䨻"运动鞋在得物平台上的二手交易价格高达 4099 元，较品牌方定价高出 141%。诚然得物平台上的此类产品大多还是国外传统大牌，但李宁、安踏的部分限量产品开始出现二手价格"倒挂"现象反映出它们的品牌价值正在得到越来越广泛的认同。这是多年沉淀后的量变产生质变，是国货崛起大趋势的一个真实写照。

图 7-6　2021 年 7 月得物平台上的李宁二手鞋售价排行

资料来源：得物。

从品牌 1.0 到品牌 4.0，品牌的定价能力、溢价能力、涨价能力不断增强。这里当然不是说定价能力强的品牌公司，在股市上就一定优于大众消费品公司。事实上，在过去若干年间，可口可乐、宝洁等面向大众的消费品公司，也为投资者创造了稳定的高收益，它们无疑是优秀的投资标的。品牌 1.0 到品牌 4.0 这个框架，是一个帮助我们判断品牌潜在提价能力的分析体系。如果我们能提前发现品牌的投资潜力，那么这个标的将可以通过长期业绩增长为我们的投资带来持续回报。

7.3 案例一：直播电商带来了什么

"家人们……"大家在刷抖音和快手的时候，常常能看见一些带货主播在口若悬河甚至声泪俱下地介绍商品，通过各种花样吸引观众下单，这就是直播电商。敏锐的消费者会发现，近一两年，这类直播变得越来越多了。没错，2020～2021年是直播电商崛起的重要时间段，在这段时间中，我国形成了淘宝、快手、抖音三足鼎立的直播电商格局。

直播电商的规模有多大？根据艾瑞咨询的预测，2021年我国直播电商市场规模约为 2.27 万亿元（见图 7-7），在整个线上消费市场中的渗透率约为 15.5%。这意味着每 6～7 个包裹中，可能就有一个来自直播电商渠道。

图 7-7 中国直播电商市场规模

资料来源：艾瑞咨询。

很多人会认为直播电商的火热仅仅是因为直播平台的流量大，这是一个非常典型的误解。在分析直播电商的时候，我们要放下"销售量=流量×转化率"的思路。这个思路过于简单，会让我们忽略很多重要的问题，进而得到错误的结论。在商品销售的商业模型中，曝光次数、转化率、价格、毛利率、复购次数都是关键的指标，只关注流量（曝光次数）而忽略了价格和复购，是常见的误区。定价格带、通过品牌宣传带来自然流量乃至复购，都是品牌经营中的重要环节。商家对价格带和复购的追求，会在相当大的程度上影响其商业行为。事实上，很多直播电商的商家不赚钱（甚至亏本），他们参与直播电商的原因是希望提升知名度，并最终通过复购和自然流量赚钱。

2020～2021年直播电商行业绝大多数的市场份额集中在了淘宝、抖音、快手上。①淘宝：公司公告显示，2020年淘宝直播GMV超4000亿元（见图7-8），约占阿里巴巴平台的6%。按直播GMV占阿里巴巴平台8%～9%估算，2020年四季度至2021年三季度淘宝直播的GMV在6500亿元左右。②快手：2020年四季度至2021年三季度，快手直播电商交易总额达到6169亿元。③抖音：2021年8月、9月壁虎看看监测的抖音直播样本成交额分别约为430亿元、480亿元，综合考虑样本覆盖范围、平台增速以及季节因素，2020年四季度至2021年三季度抖音直播GMV约为4500亿元。总的来说，这三个代表直播电商不同模式的平台的成交规模大致相当。

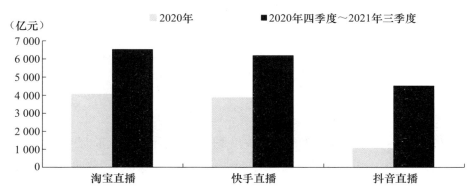

图7-8　2020～2021年各大主要直播电商品平台GMV

资料来源：公司公告，前瞻产业研究院，壁虎看看。

淘宝直播的特点是头部主播占据极高的话语权，品牌商家几乎难以通过头部主播赚钱。快手主播的头部化也比较明显，主播通过私域流量销售亲民品牌或产业带品牌；抖音的特色则在于品牌自播，品牌通过自播实现营销和变现是相对比较容易的，没有特别突出的头部主播。接下来我们展开说明这三种模式的详细情况。

淘宝头部主播带货：商家核心诉求是品宣而非盈利

头部主播带货应该是最为人所知的直播电商形式了。第三方数据显示，2021年"双11"活动预售首日，淘宝直播平台上的前两名主播共实现约200亿元的成交额。这两大头部主播依靠"全场最低价"的标签，在大促期间出尽了风头。在大促期间，仿佛只需要蹲在直播间买东西，就能拿到最优惠的价格。

头部主播带货成交额高的核心原因，不是他们的讲解有多么好，而是他们能从品牌商手里拿到最优惠的价格。事实上，2022年"双11"大促首日，在头部主播的直播间里，每个商品得到展示和介绍的时间仅有1分钟左右。现场直播的效果就是把产品拿到镜头前面晃一晃，之后报上原价和折扣价，让观众们下单。这就像是个折扣卖场，除了不断刺激消费者大脑的价格标签外，实在谈不上趣味性。头部主播的核心竞争力就在于商品的价格，当消费者都知道直播间里会有最低价时，就会蹲守在直播间下单。很多品牌商和头部主播约定，某些产品在直播间里的售价就是大促期间的最低价，这是头部主播具备极强议价能力的一个体现。

为什么这些主播能够拥有如此之强的议价能力？越大越强，越强越大。淘宝直播体系内的集中度极高，据小葫芦大数据统计，2021年9月前两名主播的带货GMV分别为37.87亿元、24.46亿元，而第3～10名的GMV总额为25.88亿元（见图7-9）。淘宝直播的头部主播有极大的话语权，同时成交量也与其他主播拉开了很大的差距。此时，主播之间"强者愈强"的马太效应循环就此形成：主播成交额高—议价能力强—品牌给的折扣低—成交额更高。

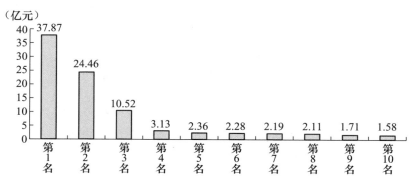

图7-9　2021年9月淘宝直播平台前10名主播带货GMV

资料来源：小葫芦大数据。

商家请淘宝头部主播带货很难直接盈利，一方面是因为头部主播要求的折扣力度大，另一方面是这些头部主播通常会向品牌方收取高额的佣金。

头部主播通常通过"坑位费+佣金"的形式向品牌商家收费。坑位费是只要开播上架了商品就会收取的费用，而不论实际成交额的多少；佣金则按实际成交额的百分比来收取。具体的坑位费和佣金率不是固定的，而会根据品类、品牌甚至具体的产品而定。以化妆品（前两大主播的最大品类之一）为例，一般坑位费在10万元以上，佣金率在20%以上，商家支付给主播的整体费用率通常在30%以上。而这只是平日的价格，如果遇到"双11"大促这类大型活动，商家通常会提前数月和主播商谈相关的合作事宜。总而言之，在如此之高的费用率之下，商家是很难直接盈利的。

那么品牌商家为何还要让主播来帮他们带货？主要还是品宣的考量。第一，品牌方喜欢在推出新的大单品时找主播带货，这样能够借助主播的流量快速打造爆款，前期的投入也能很快在后期的复购中回收。第二，品牌方需要保证其在用户群体中的存在感和知名度，对于化妆品等品类的部分大品牌而言，他们可能已经有30%左右的成交额从传统的天猫平台转移到了直播带货平台。如果这些品牌不参与直播带货，就会损失这一部分客户，会带来品牌认知下降的风险。第三，直播电商是一个很好的获取新用户的渠道，如果直播电商带来的客户产生了连带消费或者复购的行为，那么品牌商家还是有利可图的。总的来说，找主播带货主要是品宣角度下的考量，而非直接盈利下的考量，事实上，也很难做到直接盈利。

淘宝店铺自播：主要作用是转化而非引流

最近几年店铺自播在淘宝直播体系内的占比逐渐提升，2021年阿里巴巴投资者日披露的数据显示，在至2021年9月30日的12个月中，淘宝直播GMV中店铺自播的占比已经达到了60%（见图7-10），可见自播已经变成淘宝直播的主要形式。但对于店家而言，自播很少成为主要的投放对象。淘宝店铺自播的主要作用是促进转化而非引流。一般而言，自播的消费者是先点进了某个店铺，再从店铺页面中进入商家的自播间。这些消费者在自播间下单之前，就已经对相应的品牌和店家具备了一定的认知。

引流和转化有什么区别？核心在于是否能够让用户产生计划以外的选择。比如某消费者计划在A和B两个品牌的产品中购买其一，最终不论买了A还是B，都属于这两个品牌的"转化"。但若是发现并购买了C，就相当于品牌C做了一次成功的"引流"。一个渠道是否有这样的引流功能，会直接决定渠道的获利空间，引流功能越强的渠道，通常盈利能力也越强。

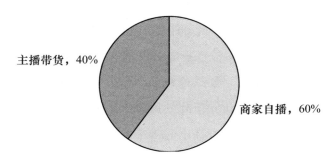

图 7-10　在截至 2021 年 9 月的 12 个月内，淘宝直播的商家自播占比达 60%

淘宝的店铺自播如何促进转化？第一，直播能比图文带来更好的展示效果，从而促进用户下单。第二，直播互动能起到一部分"客服"的职能，效果也优于传统的客服。第三，有的店家会在直播间中发放专属的直播优惠，这也能起到促进转化的效果。淘宝店铺自播和抖音、快手自播的最大区别在于引流的能力。大多数用户点进自播间之前就应进入了相应品牌或店铺的首页，这意味着其实淘宝的店铺自播引流能力并不强。而抖音、快手的店铺自播则是用户"刷"出来的，用户在进入直播间之前可能并不认识这些品牌或店家，这类店铺自播能帮助商家起到较强的引流效果。

快手直播：头部主播帮助亲民品牌和产业带品牌卖货

在前文中，我们就提到了消费产业链有三个主要环节：供应链（提供商品）、品牌（提供认知和信任）、渠道（提供流通和触达）。快手直播的特殊之处在于：快手头部主播充当的是品牌环节，而淘宝、抖音等平台上的主播主要属于渠道环节。

首先，快手是一个以主播带货为主、主播头部化程度较高的平台。快手的调性和文化是比较独特的，对比过快手、抖音、淘宝直播的人会很容易发现，快手直播的内容给人的感觉是很不一样的。很多商家难以把握快手的口味和调性，很难做好自播，他们只能依靠达人带货来进驻快手。2021年9月快手GMV排名前10的主播如图7-11所示，给人的直观感受是快手的主播集中程度似乎远低于淘宝平台，但我们要注意，其中很多大主播都属于"辛巴家族"：在前10名主播之中，蛋蛋、漂亮、猫妹妹都属于"辛巴家族"。如果把"辛巴家族"所有主播的成交额都算到一起，那么快手带货主播的集中程度非常之高。

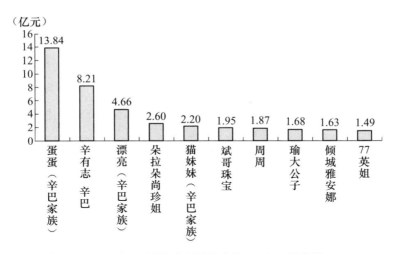

图7-11　2021年9月快手直播平台前10名主播带货GMV

资料来源：飞瓜数据。

其次，快手直播下单用户的流量来源主要是私域流量，这和淘宝、抖音等平台有很大不同。如果消费者下单之前就已经是主播的粉丝了，那就将其归为私域流量，否则是公域流量。快手直播达人的下单客户大多是其粉丝，这是由：①快手主播充当了"品牌"这件事情导致的，消费者一般都会是其信任的主播的粉丝；②快手平台的页面设计导致的，在快手 App 里通过"关注"页面进入直播间是最方便的方法，而在用户离开某个直播间时，系统也会弹出窗口提醒用户关注主播，这样的设计增加了用户关注他们感兴趣的主播的概率。

最后，快手头部主播销售的很多商品是亲民品牌的商品，或产业带品牌的商品。对于很多产业带品牌而言，其在品牌认知上是有所欠缺的。这些品牌的产品可能拥有不错的质量，但由于缺乏品牌认知，很多消费者没有足够的信心去购买这些商品。快手的主播在直播过程中充当了"品牌"，用其自身的名誉为这些产品提供了背书。

综上所述，主播私域带货为主、头部化程度较高、商品以产业带品牌和亲民品牌为主这三个关键短语能大致总结快手的生态。这个环境并不适合大多数品牌，一是因为其去品牌化的平台调性，二是因为品牌自身也很难在这样的生态中展开自播带货（公域流量池小，难以和主播私域流量竞争）。

抖音直播：品牌化 + 去中心化的直播平台，是品牌崛起的好土壤

抖音是三大直播电商平台中中心化程度最低的。抖音前 10 大主播的成交额分布相对比较均匀（见图 7-12），而且也没有特别突出的头部主播存在。平衡的主播生态使得每个主播相对品牌的议价权都比较适中，因此品牌商家找抖音主播带货的费用率显著低于淘宝电商的头部主播，这样就有了更好的盈利能力。在某些阶段，品牌方是能够直接从抖音达人带货中实现盈利的。

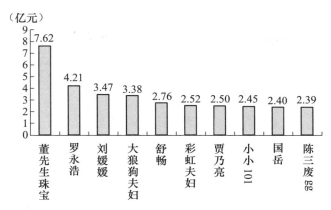

图 7-12　2021 年 9 月抖音直播平台前 10 名主播带货 GMV

资料来源：飞瓜数据。

店铺自播是抖音平台的亮点所在，也是抖音平台的重点发展方向。对于平台而言，直接向商家收费、绕开达人这个中间环节有利于提升盈利能力；对于商家而言，摆脱达人意味着其将能够完全拥有直播带来的流量，并可以随心所欲地定制直播内容，甚至可起到提升品牌形象的效果。根据艾瑞咨询的数据，2021 年抖音自播占比约为 43.2%，较 2020 年的 32.1% 提升 11.1 个百分点（见图 7-13）。当然未来抖音平台内的自播不会完全取代达人播，达人播的趣味性一般强于自播，达人播的存在有助于平衡平台的内容生态和商业生态，是连接内容与商业的一座桥梁。

抖音直播的环境使其成为上佳的品牌化舞台。第一，品牌有直接盈利的可能，这一方面源于达人播较为平衡的费率，另一方面源于自播生态的完善。第二，在抖音开设自播间并实现冷启动并不难，抖音有公平高效的付费推广系统，同时拥有较为完善的代运营体系（品牌商家很难独自完成直播的相关事务，很多工作需要在代运营商的帮助之下完成）。第三，抖音具备品牌化的心智，平台的调性和主要受众适合大多数的知名品牌。

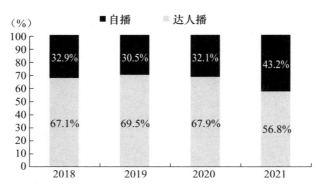

图 7-13　抖音自播与达人播的市场份额（以 GMV 计）

资料来源：艾瑞咨询。

同样作为品牌化的直播电商平台，抖音和淘宝的区别在何处？本质上在于用户的目的性。淘宝的用户通常带有较强的购物目的，他们上淘宝的目的就是买东西，所以能够接受头部主播"报价格"的直播方式；抖音更注重内容，很多用户上抖音的最初目的是找乐子，因此若想要获得成交，销售的内容就要足够吸引人。类似佰草集演"宫斗剧"来卖化妆品的方式，以后可能会被越来越多的品牌尝试和采用；因为模特小姐姐颜值高就爆火大卖的故事，在抖音上也时有发生。总之，抖音作为一个有媒体属性的平台，对内容的要求更高。对于商家而言，有时如果达到了品牌宣传的效果，盈利情况如何已经不重要了。

直播电商的增长驱动力之一：用户数量的增长

在过去互联网和电商行业的爆发式增长中，用户人数增长是最关键的驱动因素。CNNIC 的数据显示，2021 年 6 月我国网民数量达 10.1 亿人，网络购物用户数达 8.1 亿人，直播用户数达 6.4 亿人，直播电商用户数达 3.8 亿人（见图 7-14）。从这组数据上看，网民数量和网络购物用户数可能已经没有太多增长空间了，但直播电商用户数还有很大的提升空间，新用户的加入有望推动行业继续成长。

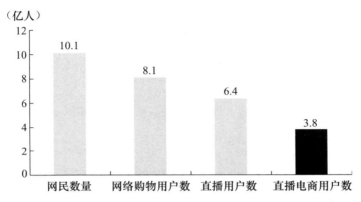

图 7-14　2021 年 6 月中国网民、直播电商用户数结构

资料来源：CNNIC。

直播电商的增长驱动力之二：核心品类渗透率提升

直播电商聚焦的品类有如下特点：①毛利润高；②需要一定的展示效果。这些品类包括服装、化妆品、珠宝、零食酒水等。只有毛利润足够高的产品，才能支撑得起直播带来的相关费用。而需要展示效果的产品，更能够发挥视频直播在商品展示效果上的优势。

以抖音的品类结构为例，壁虎看看的数据统计显示（见图 7-15），2021 年四季度，服装占据抖音直播成交额的 45%，食品、个护清洁、家居生活、珠宝配饰分别占成交额的 12%、11%、7%、5%。快手直播的品类结构与抖音非常相似，第一大品类也是服装，成交额占比通常可达 30% 以上，其次是食品、珠宝、护肤品等。三大平台中差别较大的是化妆品，在淘宝直播中的占比要更大一些，而在快手中会低一些，因为化妆品更加看重品牌。

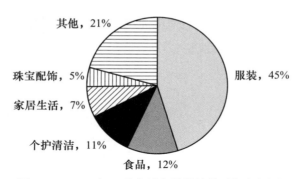

图 7-15　2021 年四季度抖音品类结构（按成交额）

注：由于四舍五入，相加不为 100%。
资料来源：壁虎看看。

服饰、化妆品、食品、珠宝的电商化渗透率和电商渠道增速都很高，这些品类是目前电商发展的主要驱动，但仍然保留了一定的线下份额。对于服饰、珠宝而言，人们去线下购买的原因有很大一部分是因为"眼见为实"。对于化妆品而言，线下的一大优势在于和导购的实时互动，直播电商在一定程度上也能够带来相似的体验。对于食品而言，线下购买的原因在于即时性，有些消费者只会在想吃东西的时候想起来去线下即时购买，而直播电商中推荐的零食酒水产品相当于提醒了这类消费者，并通过折扣给予消费者充分的购买理由。此外，通过主播带货去销售一些新奇的休闲食品和酒水，也通常能收到较好的效果。

总之，从品类的视角看，直播电商的增长逻辑在于提升了线上购物的体验感，从而拿到了一些本来属于线下渠道的市场份额。从这个角度看，随着人们对直播电商接受程度的提升和用户习惯的养成，未来直播电商的市场还有很大的增长空间。

从前文所示的数据中我们知道，直播电商已经具备一定体量的市场，大概占据线上消费市场的 15%，应该引起重视。而使用人数的增长、品类渗透率增长都是相对比较扎实的逻辑，这意味着直播电商的成长可能还会持续一段时间，也一定会带来重要的投资机会。

拆解各方诉求，分析渠道影响，发掘投资机会

对新渠道的分析，最重要的是对各个参与方的分析。了解各个参与方之间的联系与诉求，是理解渠道、发现投资机会的关键所在。

1. 红人环节：很难产生明显的机会

除了一些投资者情绪带来的走势之外，直播电商的高速增长几乎不会在主播平台产生大规模的投资机会。主播环节主要包括红人本身、MCN机构、相关中介机构等。其中，红人本身和相关中介机构一般不会登陆股票市场，我们的潜在投资对象是一些 MCN 机构。MCN 机构真的能成为好的长期投资标的吗？恐怕很难。在前文的分析中，我们知道直播电商行业主播的马太效应是很强的，主播的体量和议价权呈两极分化的态势。因此 MCN 机构基本可以分为两类：一类是绑定了头部主播的 MCN 机构，另一类是服务中腰部主播的 MCN 机构。前者在头部主播之下，基本上没有像样的话语权；而后者手中的主播在行业中的地位不强，因此也不具备显著的投资价值，且如果后者手中的中小主播长成了头部主播，MCN 机构将很可能失去话语权，沦为头部主播的依附。总之，从壁垒和长期价值的视角上看，MCN 似乎不是一类很好的投资标的。

2. 平台与产业工厂环节：选择有限

平台有可能成为非常好的投资方向，但主要问题在于选择有限。2021 年直播电商行业的三巨头是淘宝、快手、抖音。对于阿里巴巴，看好淘宝直播的发展不构成投资阿里巴巴的直接理由，淘宝直播在阿里巴巴集团中占据的体量比较小，远不如天猫的分量大。此外，淘宝头部主播话语权过强、经营生态一般的事实，也给淘宝直播的投资价值打了折扣。对于快手而言，中国强大的消费品供应链是其稳定发展的坚实后盾，而足够接地气的平台氛围也使其成为足够独特的资产。但商业化内容与平台体验之间的天然冲突如何处理，以及头部主播群体如何提高抽佣率，都会是未来的重要问题。字节跳动的抖音各方面都非常优秀，可惜并没有上市。

快手直播电商的崛起给优秀的产业带工厂带来了重要的发展机遇，不过这里也很难产生投资机会。一般而言，找主播带货的企业大多为中小型的产业工厂，绝大部分没有上市；而成功上市的头部代工企业（如申洲国际、华利集团等）都绑定了稳定的大客户，它们一般不会把自己的产品放到快手上销售，因此不构成直播电商的直接受益对象。

3. 品牌：重要的投资机会所在

每当渠道变迁时，都会有新品牌崛起和品牌格局洗牌的机会。无论是从短期还是中长期上看，品牌都是直播电商发展过程中最重要且实际的投资方向。其中，短期投资机会主要在直播电商带来的经营、财务数据超预期释放的过程中寻找；而在寻找中长期投资机会时，则需要把直播电商当作一个重要变量，通过对整个电商经营环境的分析而得出。

直播电商带来的短期投资机会发生在2021年初。当时最大的变量是抖音电商的异军突起，但市场上对抖音直播的关注程度和研究深度并不够，只有对消费行业动态跟踪最紧密、最深入的一批投资者给予了充分的重视。2020年底，抖音电商完成商业闭环，关闭外链并让所有的成交在平台内部完成；平台的规则远远谈不上完善，平均每一两个月就有一次大改动；从成交额上看，月度GMV仅有2021年底的20%～30%。但此后抖音电商的快速崛起超过了大多数人的想象，伴随抖音电商崛起的第一批品牌就是抖音崛起带来的短期投资机会。为什么只有第一批品牌具备短期投资的潜力？主要有以下两个原因：第一，综合考虑平台的扶持、竞争环境的空白等因素，第一波红利的力度是比较大的；第二，超预期的幅度更高——在第一个成功案例出来之前，大家对抖音的预期还没有那么高，之后成功案例的惊喜程度相比第一个案例会大打折扣。

接下来我们以锦泓集团为例，说明抖音电商发展带来的重要投资机会。从 2021 年 4 月中旬到 6 月底，锦泓集团迎来一波急促的上涨，股价从大约 6 元涨到了接近 25 元。一个重要的催化剂是集团旗下的 Teenie Weenie 品牌在抖音上热卖。2021 年 3～4 月，抖音直播的生态开始成形，同时第一批 DP⊖代运营商在抖音官方的扶持下，开始协助品牌商家开展抖音直播生意，这是一个重要的时间段。如图 7-16 所示，2021 年 4 月 Teenie Weenie 在抖音品牌自播 GMV 排行榜中名列第二，仅次于小米。当月，Teenie Weenie 实现 8886 万元的成交额，这个数字几乎是第 2～10 名平均成交额的两倍。像壁虎看看、蝉妈妈这样的数据源每天都会更新抖音的数据，Teenie Weenie 的强势数据在 4 月上旬就已经能够看到。而从 4 月 Teenie Weenie 成交额爆发到锦泓集团股价上涨之间，其实有充足的时间留给有准备的基本面投资者（见图 7-17）。

直播电商带来的短期机会已经成为过去式，我们更应关注中长期的投资机会。这样的机会可能会在两三年甚至更长的周期中逐步释放、逐步兑现。这个投资机会就是国产品牌借助线上渠道成长的大趋势。直播电商是一个对运营细节要求较高的新渠道。于主播带货，品牌商需额外完成与主播沟通签约、渠道管控等工作；于商家自播，更是需要建立相应的团队。

⊖ documents against payment，付款交单。

这一系列操作都对品牌全方位的运营实力，包括营销方案制定、响应市场的速度、产品迭代的方向等，提出高要求。

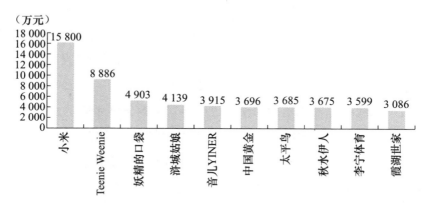

图 7-16 2021 年 4 月抖音品牌自播 GMV 排行榜

资料来源：壁虎看看。

图 7-17 2021 年上半年锦泓集团股价走势（不复权）

资料来源：Wind。

国产品牌根植于互联网文化、电商文化浓厚的中国市场，在互联网运营细节上具备明显的优势。一是速度快，在抖音直播刚刚崛起的时候，品牌自播榜单中几乎全部都是国产品牌。国产品牌的快速响应能让其吃到渠道变革中较早、较大的红利。二是接地气，抖音直播这样的社交电商渠道想要做好，不仅产品质量要过关，投放内容的质量也要很高。直播内容一方面要符合平台及品牌的调性，这是成功的基础；另一方面也要有趣、有看点。更接地气的国产品牌在投放内容的质量上更有保障。三是方向对，海外大牌山高皇帝远，在很多方面都容易出现问题；而国产品牌的总部就在国内，品牌的高层决策人员能够第一时间亲身感知渠道和舆论的变化，这对品牌规划非常重要。

总之，国产品牌通过各方面竞争实力的逐渐释放逐渐蚕食国外传统大牌的份额，将会是未来数年服装、化妆品等消费品领域的发展大趋势，而像直播电商这样的新兴渠道，将会成为这一趋势的重要加速器。未来，我们不但要关注国产品牌在各个渠道，尤其是直播电商这样的新兴渠道中的发展情况，也要关注其他重要渠道变革带来的品牌投资机会。

7.4　案例二：为何拼多多难跑出新品牌

拼多多还是一个社交电商吗

在过去相当长的一段时间里，拼多多在人们脑海中的印象是"社交电商"或"游戏电商"。一方面，拼多多善于运用各种微信裂变引流手段来获客，比如"砍一刀""邀请好友领现金"等，这些引流方式有效地利用了社交网络，且存在一定的趣味性。另一方面，拼多多在财务报告、致股东信及多个公开场合中，数次提到"开市客＋迪士尼"的概念。开市客是美国的一家连锁仓储型超市，以会员制、量贩、低价模式闻名，迪士尼则指代拼多多的趣味性。

拼多多对社交流量的利用和转化做得非常充分，有效地开发了微信流量盘子中的电商化潜力。拼多多高效地利用了信息流推荐手段实现流量的精准匹配，它在用户标签的细分上业内领先。正因如此，拼多多给人们留下了"社交电商"的印象。

2018～2019年，人们在分析拼多多快速成长的原因时曾得出过以下结论：①用户通过拼单团购的方式向商家换取价格优惠（即以量换价论）；②拼多多能够从微信引流，并精准匹配流量，降低商家流量成本，因此商家给出低价（流量价格论）；③拼多多的商品并没有便宜多少，只是它的活动设计让人们觉得得到了实惠（趣味论）。

但如今，消费者在拼多多浏览商品的时候也会大量用到搜索功能，"拼单"越来越像是一个摆设，只要拼基本上100%成团，几乎不会失败；随着其他平台逐渐完善对外链的管理，分享裂变的威力也在降低。事实上，拼多多给消费者的感觉是，它变得越来越像第二个淘宝。从商业模式、运营模式、流量分发、营销工具、品类结构等方面来看，拼多多都在向淘系电商靠近。可以认为，拼多多并没有成为多年前人们想象的"社交电商"，而是逐渐变成了另一个"货架电商"。

什么是社交电商，什么是货架电商

我们一般认为社交电商是靠熟人和网络上的社交关系所驱动的电商。零售生意可以简单划归为流量获取和转化、成交履约、形成复购三个环节，社交电商中的"社交"二字主要体现在流量获取和转化上，即通过熟人之间的分享介绍促成交易。对于缺乏信用背书的白牌商品、知名度一般的中小品牌而言，熟人的相互介绍、品质背书至关重要。消费者在信不过品牌、信不过渠道的时候，会相信熟人的推荐。简单总结，社交电商的核心是让消费者知道他们的熟人买了什么、用过什么，进而做出相似的购物决策。

淘宝、天猫、京东显然不属于社交电商，我们一般称之为"货架电商"或"搜索电商"。顾名思义，货架电商会把商品摆在各种展示位（比如搜索结果、信息流推荐结果等）上。消费者进入这些电商平台时就带有较明确的购物心智，并会在平台内独自发现所需的商品，完成选购和下单。在购物决策的过程中，货架电商的消费者一般较少依赖他们的社交关系。

拼多多平台内的流量结构与淘宝越来越相似，以搜索为主导

2020年，拼多多和淘系电商的商品详情页，最主要的流量来源都是用户搜索。两个平台的搜索流量占比也较为类似：拼多多搜索流量占比为30%～35%，而淘系电商的搜索流量占比是35%～40%。微信等外部分享跳转早已不是拼多多的主要流量来源。

一般判断电商平台流量来源的方式是看用户如何进入"商品详情"页面。根据"多多大学"上的商家分享的运营数据，拼多多2020年大约有33%的流量来自搜索，推荐的流量占比约为17%，"限时秒杀"等活动的流量占比约为15%，而外部分享跳转的流量占比不到10%。搜索流量是外部分享流量的近5倍，是推荐流量的2倍左右（见图7-18）。与其说拼多多是个社交电商，不如说它也是一个搜索电商。

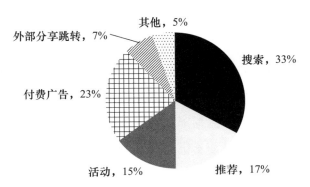

图7-18　2020年拼多多流量结构

资料来源："多多大学"商家统计。

拼多多的流量结构与淘宝已经非常相似，两个平台自然流量的前两大来源都是搜索和推荐。2018～2020年，淘宝的自然搜索流量占比大约为35.4%，信息流推荐的流量占比大约为27.1%（见图7-19）。

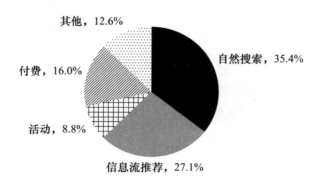

图7-19　2018～2020年淘宝流量结构

注：由于四舍五入，相加不为100%。

资料来源：商家经营数据抽样统计。

从流量结构上看，拼多多和淘宝相比，最大的差异在于活动流量。2020年，活动流量是拼多多的第三大流量来源，占比约为15%，而淘宝活动流量的占比不足10%。拼多多、淘宝的活动流量都包含"双11"之类的大促活动，主要差异在于拼多多的日常活动，如"9块9特卖""限时秒杀"等。拼多多的这类"特卖""秒杀"的活动商品在App首页的关键位置有大量的曝光和展现，拥有充足的流量。拼多多把这些黄金的展位给商家免费使用，但要求商家保证较低的价格和一定的成交量。对于拼多多而言，这相当于把原本能够收费的展位用于吸引客流、活跃平台气氛、促进成交。对于商家而言，这类活动相当于把流量费用换成折扣，将原本的广告投放预算补贴到商品售价端；如果商品在活动展位上卖得好，就能获得更高的权重，进而得到更多的自然展现，这和投放广告的效果相差不大。

总的来说，拼多多和淘宝这类货架电商都以"人找货"的模式为主，搜索是平台内商品页面的主要流量来源。

淘宝和拼多多拥有相似的运营逻辑

淘宝和拼多多在运营上的相似之处在于：第一，二者都看重商品的展现排位，都采用通过付费流量提权重、通过免费流量以及复购盈利的模式；第二，二者的投放工具大体上比较相似；第三，付费流量投放的计价方式比较相似。

展现排位直接影响商品和商家的流量，是非常关键的一环。显然，在中心化的电商平台里，商品在搜索和推荐结果中的排位越靠前，曝光量就越高。而前排展位的点击率通常较高，这是一个容易被人忽视的好处：通常不挑剔的消费者会很快做出决定，而越往后翻的消费者对产品越挑剔，因此后排展示的商品点击率会更低（见图 7-20）。总之，若想提升销售额，增加盈利，获取充足的曝光和点击是关键。商家做投放、做运营的核心目的，是通过提升权重和排位，进而拿到更多曝光和转化促进成交。

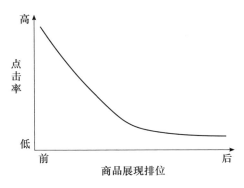

图 7-20　电商平台中的商品展现排位影响其点击率

而自然流量（免费展位）的排位主要由"期望展现收益"决定。期望收益可以是GMV、广告收入（针对付费流量），也可以是顾客停留时间、访问深度、购物体验等。在不同的阶段，平台会根据自身需求动态调整各项指标的权重，并把"期望展现收益"高的商品放在前排增加展示，从而实现平台综合效用的最大化。

权重是平台算法基于商家和商品的过往的数据计算出的，在这个体系下，过往的高收益商品未来更容易继续获得前排展现。以平台通常比较看重的"千次展现收益"为例，该指标反映的是一个商品1000次展现产生的平均GMV，由客单价、点击率、转化率决定，这些数值均为历史成交数据。良好的历史成交数据能使商品拿到前排展示，从而在未来也更容易做出优秀的数据，这样一来就形成了一个"强者愈强"的循环。反之，历史成交有所欠缺的商品难以拿到靠前的展示排序，形成"弱者愈弱"的循环。

而打破这个"强者愈强、弱者愈弱"循环的方式在于：投放。在产品数据有所欠缺的时候获得更高的排序，以此得到更多展示。如果商品能够在投放期间留下足够优秀的数据，那么其排位会得到提升，并有望开启"强者愈强"的循环（见图7-21）。

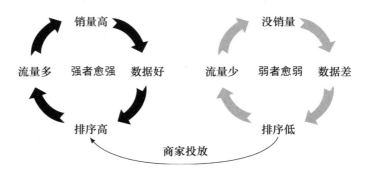

图7-21 做投放是在淘宝、拼多多这类平台上经营的必选项

但投放需要支出昂贵的流量费用，通常是难以盈利的。投放的核心目的是改善权重，进而使自然流量占比提升，最终通过免费的自然流量获利。通过投放撬动的自然流量，其价值大于付费流量本身。换言之，假设商家花100元买了100次点击，他最希望得到的不是由这100次点击带来的若干销售额，而是这些销售额产生之后使其店铺和商品得到更多展示。以手机搜索为例，在淘宝和拼多多搜索结果中，一般每5～7个会有一个广告，这意味着投放流量占比最高仅为20%，可见自然流量带来的销售额总量是远远高于付费流量的。

因此，对于淘宝和拼多多而言，其运营投放的共性是：通过付费投放积攒数据，提升商品在自然展位中的排位，最后通过自然流量的提升赚钱。

拼多多和淘宝的投放工具比较类似

拼多多主要的底层投放工具包括多多搜索、多多场景、多多进宝、明星店铺、合约推广等。其中，多多搜索提供付费搜索信息服务，和淘系的直通车较为相似；而多多场景相当于淘系的超级推荐，对应信息流推荐位中的流量；多多进宝相当于淘宝客，是达人使用平台外链分享带来的流量；淘宝和拼多多都有明星店铺，用于在搜索结果的上方展示店铺及热销商品。这些主要的投放工具在两大平台上的收费方式也基本相同：搜索和信息流广告的收费方式都按用户点击次数收费（CPC），淘宝客和多多进宝都按照成交额百分比收费（CPS），明星店铺都按千次展示收费（CPM）。

更关键的一点是，两个平台CPC类投放（搜索、信息流）的定价方式是相似的，都是竞价。CPC广告是商家投放最多的广告形式，因为它们效果直接、人群定位精准。两个平台上的CPC广告的价格都以"下一名出价"而定：以淘宝直通车为例，如图 7-22 所示，投放排序取决于出价 × 质量分，排序高的产品先展示；单次点击扣费取决于下一名竞价对手的出价及商品质量分的对比。

展示排序基准 = 出价×质量分

单次点击扣费 = $\dfrac{\text{下一名出价} \times \text{下一名质量分}}{\text{商品自身的质量分}} + 0.01$ 元

✓ 点击单价取决于下一名的情况，会动态变化，但不会高于商家的初始出价
✓ 质量分体系在一定程度上保证投放商品的质量与流量坑位的点击率

示例

商家排名	出价（元）	质量分	实际扣费（元）
1	2	10	1.01
2	2	5	1.61
3	1	8	1.00

图 7-22　淘宝直通车计费方式

在这套竞价体系下：①流量的价格在商家之间的博弈中产生，取决于商家的付费意愿，而非由平台直接掌控，流量价格将随着商家之间竞争的激烈程度而水涨船高；②不是出价高就一定能获得展现，平台通过质量分把控投放商品的质量，保证用户体验，质量分体系使得积淀较少的新商品、新商家的投放费用更高，加剧了马太效应；③ CPC 广告是点击了才扣费，质量分能确保较稳定的广告点击率，维持平台广告消耗的平稳。

两个平台主要的不同在于一些级别更高的自动投放工具。拼多多的 OCPX 工具有自动投放的功能，会自动帮助商家调整投放的参数，尝试出比较好的投放方案。

淘宝、拼多多的商品构成大同小异

淘宝和拼多多都是平台型电商，它们的流量结构、投放逻辑和投放工具都较为相似，也都同样善于处理多商户、多品牌、多 SKU 的场景，因此在品类结构上也大致相同。二者的核心差异点在于，淘系电商（尤其是天猫平台）拥有极强的品牌化能力，而拼多多几乎没有品牌化能力。因此，品牌认知较为重要的品类（如化妆品等）在天猫上占比更高，而品牌认知不那么重要的品类（比如家纺、日用品等）在拼多多上的占比较高。

如图 7-23 所示，拼多多前三大品类依次为服饰箱包、家纺家具、数码电器，占 GMV 比重均为 20% 左右；家居生活、食品保健分列 4、5 位，占 GMV 比重为 7%～10%。除了电器之外，服饰、家纺家具、生活用品、食品都是不那么看重品牌的品类。而数码电器在拼多多上占比较高的原因，在于拼多多"百亿补贴"重点补贴大牌数码类产品，比如 iPhone，其在拼多多上的售价通常比其他渠道便宜 5%～10%。

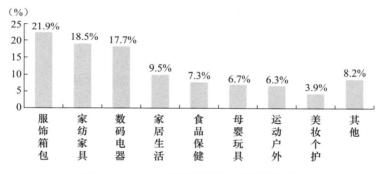

图 7-23　2021 年四季度拼多多品类结构

资料来源：多多情报通。

天猫 2020 年"双 11"大促品类结构见图 7-24。排名第一的品类是服装箱包，美妆个护、家电分列 2、3 位。其中，服装箱包占平台销售额之比接近 18%，家电加数码的占比达 18.6%，家居家装位列品类前五，这都和拼多多比较相似。最大的不同在于美妆个护的占比，天猫（17.1%）远高于拼多多（3.9%）。我们知道化妆品是一个非常看重品牌的品类，中高端化妆品的出厂价可能只有售价的 10%，溢价主要来自品牌。化妆品占比的差异，一定程度上反映了两个平台品牌化能力的差异。

需注意，"双 11"大促期间的品类结构较往常会有所失真，消费者倾向于将非刚需的大件耐用品消费需求延后或提前至"双 11"大促；此外，化妆品等折扣力度较大的品类的销售额，也会更倾向于向"双11"集中。因此，日常的美妆个护、家电数码等品类的销售额占比会更低一些。

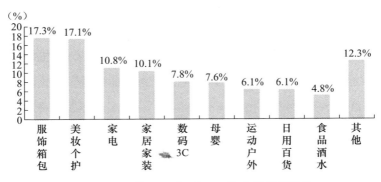

图7-24　天猫2020年"双11"大促品类结构

资料来源：魔镜市场情报。

基于以上事实，我们可以大致认为，2020年之后的拼多多已经不是所谓社交电商了，而是一个更加类似于天猫的货架电商。在分析这两大电商平台的时候，我们基本上可以套用同样的分析框架，即把分析的重心放在对成交额、用户数、货币化率等关键指标，以及平台整体生态和活力等重要的经营细节的跟踪上。

平台排名机制解析：为何拼多多的商品看上去比淘宝的便宜

常在淘宝、拼多多上购物的人往往会发现，对于同一类产品，拼多多搜出来的结果会相对便宜一些。但淘系电商和拼多多近几年的货币化率已较为接近，两个平台上的部分商家、供应商是重合的，且二者的物流成本没有太大区别。

通过前文的分析，我们知道淘系电商和拼多多在投放逻辑、投放工具和定价机制等方面有不少相似之处，那么在货币化率、商品成本、物流成本、平台规则相近的情况下,拼多多的便宜从何而来?

主要原因在于:①我国拥有强大的商品供应链,能提供大量物美价廉的消费品;②拼多多的排序机制使得低价爆款商品更容易获得前排展示;③拼多多的补贴和商家的主动让利进一步拉低了价格。

其中最核心的一条在于,拼多多和淘系电商在排位权重的分配上有所不同,拼多多更看重"品",而淘系电商更看重"店",因此拼多多上的高性价比爆品有更大的机会拿到高排位。

淘宝上不是没有便宜的商品,但是有些低价商品在平台中得不到前排展示。在一些"埋得更深"的地方,常常会出现更具性价比的商品。

如图 7-25 所示,我们在淘宝、拼多多、1688 上面分别以"韩版""ins风""发夹"为关键字搜索商品。这些外观、结构相似的发夹,在 1688 上的售价低于 1 元 / 个,5 个起批;在拼多多上 3.3 元 / 个;在淘宝上首先跳出来的结果是 10 元 / 个。假设 1688 的批发价在一定程度上反映出厂价,以上结果表明淘宝和拼多多的商品均有一定加价,且淘宝前排结果的加价率更高。而在淘宝上继续加上价格限定条件,我们在 50 名开外的结果中找到了标价 3.6 元 / 个的商家,这个价格与拼多多相仿,但仍然明显高于 1688。

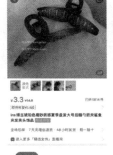
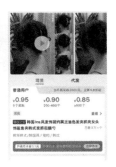

图 7-25　在淘宝上排名靠后的商品也有好价格

淘宝和拼多多的加价，可以理解为买到了更好的售前、售后服务。但为何在淘宝上排前面的商品贵于排后面的商品？商品排序由一系列指标综合决定。在拼多多上，排序更多由商品本身的数据决定；但在淘系平台，店铺的经营数据会对排位有一定程度的影响。

天猫的排位更稳定，平台给头部店铺和大品牌额外的权重，"大店"能拿到更多流量。平台会把同类目的店家，根据最近一个月的成交额分成七个层级（见图 7-26）。一、二级是新卖家所在层级，而六、七级是头部卖家所在层级。平台在流量方面会对高层级卖家有所倾斜。根据淘宝大学的数据，六、七级的商家约占商家总数的 5%，但能拿到近 40% 的流量。

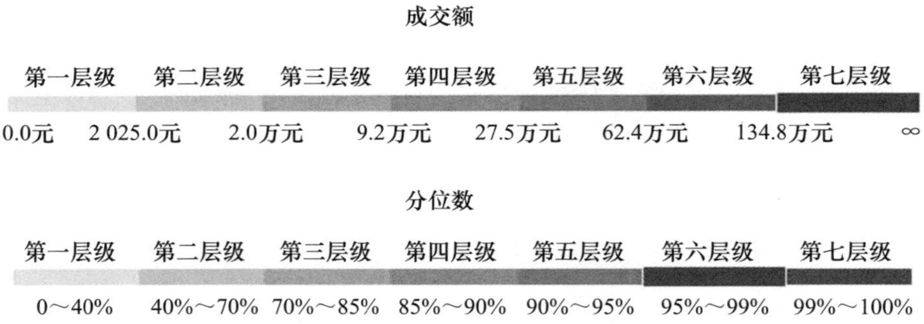

成交额

第一层级	第二层级	第三层级	第四层级	第五层级	第六层级	第七层级
0.0元	2 025.0元	2.0万元	9.2万元	27.5万元	62.4万元	134.8万元	∞

分位数

第一层级	第二层级	第三层级	第四层级	第五层级	第六层级	第七层级
0~40%	40%~70%	70%~85%	85%~90%	90%~95%	95%~99%	99%~100%

图 7-26　淘宝平台不同店铺层级

而拼多多的排序相对不稳定，平台的排名机制更侧重于商品本身的数据。在拼多多上，我们常能看到中小店铺的爆品排在搜索结果中的前列，因此可大致认为除了画像、评分、关注等指标外，店铺的其他经营数据很难影响到商品的排位。平台的排位权重更多倾向于商品本身的经营数据，比如点击率、转化率、成交额、收藏率等。

此外，拼多多的活动流量倾向于使低价商品获得更高的曝光。活动会场是拼多多商品的一个重要流量来源，占比约 15%，在所有流量入口中排名第三。流量比较大的日常活动包括限时秒杀、百万爆款计划、9 块 9 特卖、五折抢翻天等。这些活动的参与要求如下：

- 限时秒杀：仅供爆品参与，要求做到全网最低价（包括淘宝、京东等平台）。
- 百万爆款计划：在"限时秒杀 – 精选秒杀"页面展示，是限时秒杀页面中流量较大的部分，也是折扣力度较大的部分。参与活动的商品会经历多个阶段的"闯关"，每个阶段都有时间、折扣幅度和销量的要求（比如 5 折 200 件 1 小时卖光），商品达到要求后进入下一个阶段。总体而言，百万爆款计划是折扣较大的会场，通常早期阶段折扣力度大但件数少，后期阶段折扣小一些但件数多。
- 9 块 9 特卖：同样是一个流量比较多的活动页面，要求产品售价严格控制在 29.9 元以内，以在 9.9 元以内为佳，频道内主要为小商品。
- 五折抢翻天：在 9 块 9 特卖中置顶展示，流量较大。通常要求以原价的 5 折出售，数量为 2000 ～ 5000 件。如此折扣对商家而言，很可能意味着低于进货价出售商品。

可见，活动会场对于商品的折扣力度有较大的要求。对于拼多多而言，在活动会场这么好的展示位置，本可向商家收取较高的流量费用，但拼多多免费展示了折扣商品，相当于起到引流的作用；对于商家而言，本来要拿到这些流量要付出高昂的费用，参与活动只不过是把这些预算通过折扣的形式花了出去；消费者则是实打实地获得了低价商品。

除了活动流量之外，爆款商品还能通过"类目"入口撬动额外流量。类目流量占 10% 以上，是第四大流量来源。其最主要的指标是商品在平台内的全渠道 GMV，只有爆款商品能通过类目入口额外拓展流量。大多数入选商品的展示排序会根据人群画像进行匹配，只展示给一部分人；但一小部分 GMV 领先的爆款商品不受千人千面的限制，会展示给所有人，得到更大量的曝光。拼多多的"爆品逻辑"体现在，商家倾斜资源打造一个爆款商品，比平均分配资源打造若干个销量不错的商品，要划算得多。

所以，造成天猫品牌化能力强、拼多多难跑出新品牌这个差异的直接原因，在于平台的排序机制。拼多多上的便宜商品能够很快得到前排展现，而淘系电商的头部商家在平台上的展现排序更为稳固。拼多多上的头部商家如果失去了价格优势，就有可能很快被新的商家挤下去；而淘宝上的头部商家就算涨价，也能维持其在平台中的展现排位。这不但使拼多多前排展示的商品看起来比淘宝的更便宜，也使两个平台的用户心智出现较大差异。

久而久之，用户心智的区别奠定了拼多多和淘系电商在品牌化能力上难以逆转的差异。拼多多在消费者心中会和"便宜"画上等号，消费者打开拼多多时就期待着性价比高的商品，同样的商品放在淘宝上，很可能会比在拼多多上多卖出几元钱。这样一来，追求格调和溢价的品牌，就不会选择拼多多作为长期主力渠道，而在拼多多上做大的商家，也很难具备品牌化能力。

这对我们的消费品投资分析有何影响？首先，要判断一个品牌在电商上经营得是否成功，我们会更重视其在天猫、抖音等品牌化平台上的表现，而不怎么关注其在拼多多、社区团购乃至快手这类非品牌化平台上的表现。其次，在分析拼多多等这类平台上的大品牌时，我们更关注其在组织效率、基础质量保障等方面的实力，而非溢价能力。最后，拼多多品牌化能力弱并不意味着平台变现能力差，向产业带品牌和经销商收费，也可实现较高的货币化率。

7.5 案例三：波司登的品牌升级之路

品牌力就是一个品牌的定价能力、溢价能力、涨价能力。能定价、有溢价很难，实现品牌升级、成功涨价则难上加难。

波司登是近年来的一个品牌升级典范。过去，大家对于羽绒服的普遍印象是：售价大约几百元，长得像面包，样式千篇一律也说不上好看，主要作用就是冬天保暖。而当下，相信国内消费者已经习惯了波司登的新形象：有设计感，很多产品不再像面包，甚至可以满足时尚人士的需求，厚款薄款一应俱全。波司登已经成为羽绒服的"标签品牌"，相信消费者一想到羽绒服就会联想到波司登。2022年，波司登的主力价格带早已脱离500～1000元的传统价位，上涨到了1000元以上，高端的风衣款、定制款的价位上探到3000～5000元，而"登峰"系列的部分产品售价甚至高达万元。

波司登的品牌升级受到了消费者的热烈欢迎。事实上，波司登在高线城市中卖得最好的就是高端系列。笔者在2022年初销售旺季探访了多家上海的波司登线下门店，发现售价3000元以上的"风衣款"和售价5000元以上的"高定款"都早已售罄。店里的售货员对笔者说："您看连模特身上的样品都被买走了，现在想要的话只能试试通过O2O系统订货，能订到的话就从我们的总仓直发到您家"。

波司登是如何成功实现品牌升级的？笔者认为有如下四个原因：第一，国货崛起的核心是"国"崛起，其次才是"货"崛起，我国国力日趋强盛,这使消费者对国产品牌的倾向性持续提升;第二,羽绒服这类功能性服饰是一个天然的好赛道,容易出现市占率高、品牌溢价高的品牌;第三,Moncler、加拿大鹅等品牌进驻中国,成功提升了消费者对于羽绒服的价格认知,这为波司登的品牌跃升打开了空间;第四,波司登本身具备超凡的品牌运营能力,在适当的时机通过明星代言、登山队科考队背书等宣传,配合完成度高、实力强的产品,成功实现品牌跃迁。

没有强大的祖国,就谈不上国牌崛起。品牌本质上就是消费者的认知集合,一个品牌要想走出来,消费者不但要认可品牌的故事和象征,也要认可品牌背后的国家。近些年来,我国综合国力持续提升,GDP总量从2001年的9.59万亿元提升至2021年的114.4万亿元,已稳居世界第二大经济体;人均GDP和可支配收入也有大幅提升。国力的提升让消费者在相当程度上抛弃了"国产不如国外"的成见,随着近年来文化自信思潮的来临,消费者开始逐渐对国产品牌和民族品牌产生了倾向性。

国牌崛起的两条典型路径是功能性路径和效率性路径,波司登很明显走的是功能性路径。㊀功能性路径专注于细分领域,给产品打上的标签,让消费者感受到品牌的专业度,从而抢占消费者的心智。而效率性路径则强调高周转、高性价比、快速反映用户需求、良好的终端触达等,让消费者能够省力放心地买到中意的商品。

波司登所在的功能性服饰赛道,是一个容易走出好品牌的优质赛道。所谓功能性服饰就是有特殊用途、特殊要求的服饰,比如羽绒服、运动服等。羽绒服赛道兼具功能性和社交属性两个优质特性,容易诞生大品

㊀ 走功能性路径的还有安踏、润百颜、薇诺娜等。走效率性路径的有名创优品、完美日记、珀莱雅和花西子等。

牌。所谓功能性，是指消费者在选购羽绒服时会更加倾向于购买专业的羽绒服品牌，他们认为这些品牌的羽绒服的保暖性能、制造水平会更好。事实上，波司登的羽绒服近些年来不论是在销量上还是价格带上，都领先于耐克、阿迪达斯、优衣库等综合服装品牌，可见功能性之重要。所谓社交属性，体现在大家要把羽绒服穿在外面见人。服装的穿搭可以体现一个人的审美、个性与身份，人们因此也愿意在服装上花费较多的金钱。

2016～2017年，国际羽绒服大品牌 Moncler、加拿大鹅在中国市场吸引了众多的消费者认购，中高端羽绒服消费开始崛起，波司登适时完成提价。原本在大多数消费者的心中，羽绒服就是最多一千多元的产品，而 Moncler、加拿大鹅的到来，使人们逐渐意识到：原来羽绒服可以卖这么贵，而且穿起来确实不一样。在 Moncler、加拿大鹅与当时国内的一众羽绒服品牌之间，留下了大量的价格真空，这是新的商机所在。波司登瞄准这个价格空当，一蹴而就成功地实现了价格带的跃迁。这一方面得益于波司登强大的综合运营能力与市场感知能力，另一方面也得益于公司自1976年以来一直深耕羽绒服市场的专注和积累。2018年波司登就已经是诸多国产羽绒服品牌中的老大，填充 Moncler、加拿大鹅与其他中端品牌之间价格带的任务，只会也只能由波司登来完成（见图7-27）。

说完天时、地利，波司登成功实现品牌升级和其自身的品牌实力也有脱不开的关系。

第一，波司登有自己的羽绒服工厂，可从源头上把控生产工艺的每一个细节，实现精益求精。依托领先的制造工艺，波司登的产品在用料和做工上无可挑剔。

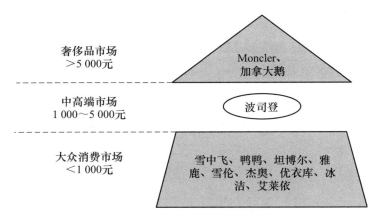

图 7-27　波司登在国内中高端羽绒服市场中一枝独秀

第二，波司登多年深耕羽绒服，其服装面料和工艺经历了多轮迭代，技术专业程度处于业内领先水平，产品质量的优异性久经考验。

第三，波司登的设计做得非常到位。一是与迪士尼、漫威等大IP联名推出时尚羽绒服，获得年轻消费者的青睐；二是与国际知名设计师合作，推出"高定羽绒服""新一代羽绒服"系列，合作的设计师包括爱马仕黄金时代的缔造者让·保罗·戈尔捷。这些产品一面世就被消费者抢购一空。

第四，波司登在品牌宣传上也下了大功夫。一方面邀请杨幂等头部明星代言，另一方面积极赞助登山、科考等专业团队。2020年波司登成为中国南极科考队的赞助商，2021年推出"登峰2.0"系列，伴随中国登山队问鼎珠峰。能够成为这些专业团队的赞助商，是对波司登品质的肯定，也在消费者心目中留下了"波司登＝专业羽绒服"的印记。

波司登近些年的发展是教科书级别的品牌升级案例。波司登在羽绒服赛道深耕多年后厚积薄发，抓住行业性的机会成功爆发，一蹴而就地完成了品牌升级，而在此过程中，它的产品动作、营销动作、渠道动作，都值得我们反复学习和品味。

7.6 结语

笔者认为，品牌力就是品牌对其价格带的控制能力，包括定价能力、溢价能力、涨价能力。价格带就是品牌的生命线，降价容易提价难，品牌在保证一定销售规模的前提下，保持价格带稳定要远远比多卖些货重要。历史上成功实现品牌升级、价格带提升的案例非常少，而能够持续实现价格提升的消费品更为稀缺，这些具备提价能力的公司，都是消费行业中一等一的优秀公司。

| 第 8 章 |

渠道变革的真相

"对标海外"是一个非常好用的分析方法,成熟国家走过的路就是我们以后要走的路,这在很多行业中屡试不爽。但在研究零售渠道的时候,这个方法却失灵了。为何"中国的7-11""中国的沃尔玛"迟迟未现?为何"美国的淘宝"eBay会被"美国的京东"亚马逊远远甩在后头?本章我们将分析渠道变革这个诞生了许多投资机会的大事件。在8.1节,我们会解答为什么中国没有大型连锁便利店;在8.2节,我们会解答为什么eBay争不过亚马逊;在8.3节,我们会解答社交电商、熟人经济、推荐算法是否降低了马太效应。中国的零售渠道经历了更猛烈的"跳级"式变革,我们将以发展的眼光来分析这些问题。

8.1 为什么中国没有本土大型连锁便利店

电商改变了中国零售行业的发展路径

在分析很多其他行业的时候,我们喜欢借鉴国外的发展路径,说"国外的今天就是中国的明天"。但这个逻辑在国内的零售渠道方面却不适用了。5～10年前可能有不少人会认为,国外便利店、社区超市的密度较高,我国这类门店非常少,因此这是一个蓝海市场,未来大有可为。但近几年便利店等零售业态的发展显然没能如人们所愿(见图8-1),并与持续高增长的电商行业形成巨大反差,为何会出现这个现象?

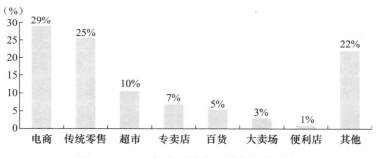

图 8-1　2021 年我国消费品零售渠道分布

资料来源:Euromonitor。

事实上,我们可以下一个判断:国外现有的线下零售业态,包括便利店、社区超市等,未来在国内可能很难实现持续高增长。

电商的出现改变了我国零售行业的发展路径。国外零售行业的发展路径从传统零售开始,发展出连锁零售(A&P等),进化到现代大型商超(沃尔玛等),再到仓储店(开市客等)与便利店(7-11等),最后发展出电商(亚马逊等)。而国内零售行业的发展路径,是在连锁零售尚未发展完善时,就出现了电商;电商出现后不久就实现了极其迅速的增长,并且一定程度上挤压了传统线下零售的生存空间。

我国电商在 2009 年前后开始真正步入高速增长期，而此前渗透率还不足 1%。那个时候发生了两件大事：① 2007～2008 年宽带速度提升、费用降低，互联网进一步普及；② 2009 年工信部正式发放 3G 牌照。这两件大事的影响直接反映在我国网民总规模和手机网民规模上（见图 8-2），也在事实上推动了电商的发展。Euromonitor 的数据显示，2010 年我国零售电商市场规模同比增速达 296%，达到顶峰（见图 8-3）。

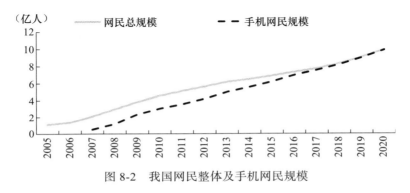

图 8-2　我国网民整体及手机网民规模

资料来源：CNNIC。

图 8-3　我国电商行业与全渠道消费品零售额增速

资料来源：Euromonitor。

2010 年，我国消费品零售渠道的很多市场份额归传统零售业态所有，传统零售的市场份额占比在 40% 以上。按照海外国家的历史，此时应当是连锁商超、便利店、百货商店等线下现代零售模式高速发展，并逐渐取代传统零售的阶段。但在我国，电商吃下了"零售现代化"这块蛋糕。线下现代零售渠道通过不断侵蚀传统零售渠道的市场，份额从2007年的30%提升至2011年的33%。但不久之后，羽翼未丰的线下现代零售渠道便受到了电商的冲击，市场份额在2012年之后出现下滑（见图8-4）。

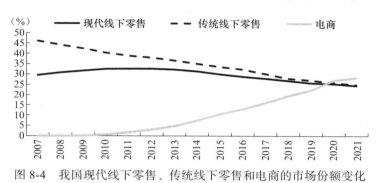

图8-4　我国现代线下零售、传统线下零售和电商的市场份额变化

资料来源：Euromonitor。

在电商增速实现突破的2010年，线下零售的增速开始掉队，超市开始落后于行业整体（见图8-5）。便利店本应是连锁超市发展壮大之后的产物，但在线下零售发展不完善并持续受电商挤压的情况下，发展情况比较一般。即使是在近几年来便利店增速最高的2017年，其规模增速也仅为22%，并不能称得上快。

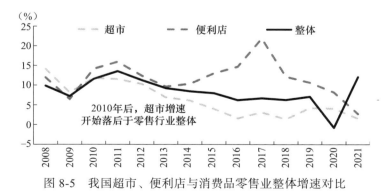

图8-5　我国超市、便利店与消费品零售业整体增速对比

资料来源：Euromonitor。

电商改变渠道拓扑结构

电商得以迅速取代线下零售,与其特殊的拓扑结构有着千丝万缕的联系。电商是个马太效应极强的渠道,"强者愈强"使电商以摧枯拉朽之势快速抢占了市场,同时也挤压了线下零售的生存空间。

电商的变革并不是单纯把交易场景从线下搬到线上、省去房租和人工费用、提升经营效率、把流通成本做到更低。以上变化都只是表象,电商改变的是整个交易的思维和逻辑,并给商家集中度、品类结构等方面带来种种变化。

1. 商家的边界变得不同,线上商家的马太效应会越来越高

马太效应指的是"强者愈强、弱者愈弱"的循环,电商平台中心化的展现机制催生了马太效应。头部化在电商行业中非常常见。

这个效应产生的一大原因是电商和线下零售的边界变得不同了。线下零售是区域竞争,每家店的辐射范围都不同。比如开在A地的A店,就算做得再好,也难以获取开在B地的店铺的消费者,因为对于B地的消费者而言,当地的店铺相比A店有地理位置的优势。

对于线下零售而言,门店的"点位"至关重要。门面显不显眼,人流量多不多,会直接影响生意的好坏。做线下生意的商家常常会动用各种人脉资源,去争取一个好门面。门店选址素有"金角银边草肚皮"的说法,这句话本来是围棋术语,用在门店选址上时所描述的道理是:路口转角的店铺最好,其次是单位大门出入口旁的店铺。从商家的心思中,我们可以发现门店位置对于线下生意的重要性之高。

而线上生意就不同了。网店的展现对于全国各地的消费者一视同仁,消费者距离某家网店的距离都是一样的。与此同时,电商平台的排名机制和展现机制具备顶端优势。成交量越高的店铺越容易得到前排展示,而得到前排展示的店铺更容易产生成交。这样一来,头部的店铺会得到更多的流量,并变得更强。在这个循环之下,电商的头部集中度变得越来越高。

2.适合线上、线下销售的品类会变得不同

电商适合的消费类型是标准化、重复消费的大众商品,线下渠道适合具备一定体验感、即时性需求的品类。比如,数码、护肤品等产品就适合线上销售,因为它们是标准化且重复消费的产品;生鲜、软饮、奢侈品就适合线下消费,因为生鲜、软饮对即时性有要求,奢侈品对消费过程中的体验有要求。

因此,不同品类的电商渗透率可能天差地别。2021年电商的渗透率大约是25%,但这并不意味着所有的商品都会拿25%到网上销售。实际上,家电以及一些低值易耗的品类的电商渗透率可达50%左右,而生鲜、软饮等品类的电商渗透率仅有5%左右(见图8-6)。

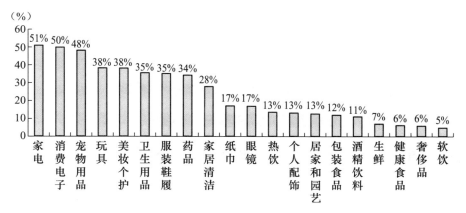

图 8-6 2020 年各品类电商渗透率

低值易耗、更适用于线上的商品,其消费频次和更换频率可能会有所提升,因为消费者替换起来更加方便。对于像内衣、袜子这样的商品,人

们以前可能会每一两个月去商场统一采购一次，而现在可以随时打开手机在线下单，等送货上门。电商购物的便利性一定程度上使得这些商品的购物频次显著提升。

电商变革改变了中国零售的发展路径

我国独特的零售业发展历史，一定程度上造就了独特的渠道特性。以生鲜为例，在国外，超市是生鲜产品的主要分销渠道，而我国的生鲜分销仍以传统的农贸市场为主（见图 8-7）。生鲜分销渠道的变革通常在现代零售业发展的较早期阶段就应完成，因为生鲜具备高频、刚需的特性，是线下零售业态中重要的引流商品，每个大型超市都少不了生鲜产品。但我国的现代线下零售渠道在发展过程中遇上了电商的崛起，至今发展得也不算充分。但电商难以解决"最后一公里"履约的成本和时效问题，其实并不太适合销售生鲜产品。所以在超市、便利店发展比较一般的情况下，生鲜就这样被留在了农贸市场。

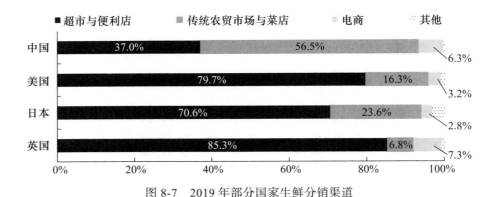

图 8-7　2019 年部分国家生鲜分销渠道

如今我国的电商经营环境、基础设施都已经非常完善。在经营环境方面，我国有各种各样的平台，如天猫、京东、拼多多、抖音、社区团购等，它们满足了消费者不同的需求；在基础设施方面，部分地区的快递已经实现单票 1～2 元起，2～3 天内发往全国。在如此完善的电商环境之下，传统线下零售的增长和进化是比较困难的。

总而言之，在电商进入中国并开始生根发芽时，我国线下零售的发展还并不完善和成熟。电商平台面临的竞争对手是传统零售，且当时品牌商对渠道的管控并不完善，因此电商平台发展阻力小。在互联网尤其是移动互联网得到普及、电商趋于完善并占据消费者心智之后，线下零售的发展变得困难了起来。这个结论并非只针对便利店，像仓储会员店这类模式，在国内的发展可能也不会那么顺利。

8.2 为什么"美国的淘宝"eBay 争不过亚马逊

我们知道阿里巴巴、京东、拼多多是我国排名前三的电商平台，如图 8-8 所示，2020 年三大平台合计占有我国电商市场 3/4 以上的份额，其中平台模式的阿里巴巴、拼多多占据了 60% 以上的市场份额。

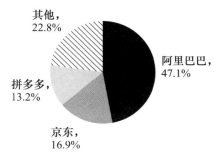

图 8-8 2020 年中国电商平台市场份额

而美国的电商市场格局和我国很不一样。首先，美国电商的市场集中度远远低于我国。美国最大的电商平台亚马逊，其市占率在 40% 左右，其余电商平台的市场份额均在 10% 以下。其次，品牌自营电商、连锁超市电商很难在我国占据一席之地,但在美国可以。沃尔玛是美国电商的第二名,塔吉特(Target)、百思买(Best Buy)跻身前10(见图8-9)。最后,头部平台的经营模式有所不同,我国排名第一的阿里巴巴是一个平台模式的电商,而美国排名第一的亚马逊是一个自营模式的电商。美国的商业环境似乎对平台模式的电商不太友好,eBay的销售额仅有亚马逊的大约1/10,仅小幅领先于苹果的在线商城。

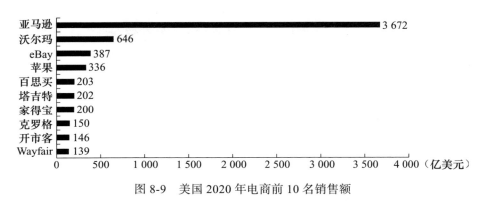

图8-9 美国2020年电商前10名销售额

为什么美国的eBay远不如我国的阿里强势?为什么美国有那么多的品牌独立站,还做得挺不错?为什么亚马逊的自营模式在美国那么强?这些问题其实是"为何中国没有大型连锁便利店"的翻版。形成这些反差的核心变量在于:在中美两国的电商萌芽之时,线下零售商和消费品品牌的发展成熟度截然不同。

在电商出现之前,美国等西方国家的线下零售业和消费品品牌已经拥有超过半个世纪的积淀,拥有强大的运营能力和消费者影响力,因此能够在线上渠道刚刚出现时,就发展出自有渠道。此外,20世纪末的美国线下零售网络已经能够做到高效率、广覆盖,这使得平台型电商在发展初期,在用户体验、效率上都占不到便宜;而自营型电商的用户体验较平台型更佳,因此得到了更好的发展。

而在中国，线下零售业和消费品品牌只发展了20年就遇到了电商的兴起，因此电商的发展没有遇到太多的阻碍。我们知道自营型电商是相对重资产的运营模式，不论是仓库等履约系统的建设，还是信息和管理系统的完善，都需要较长的时间。此时，轻资产、复制更快的平台型电商占据先机，最终形成了如今平台模式占主导的电商格局。

中美电商在历史、环境上的差异，还导致了品牌和电商平台间话语权的不同。在渠道和品牌的博弈过程之中，中国电商平台的地位要比美国电商平台的地位更强。其一，流量高度集中于少数头部电商平台，这类平台的分发方式较为中心化，拥有较强的话语权。其二，由于我国广阔的国土面积、多样的地域特色、复杂的城市层级，现阶段品牌方很难实现完全的渠道自主、数据自主，或多或少需要依附于头部电商平台。因此，未来品牌与平台的博弈将始终存在。对于品牌来说，研究如何在电商平台上获取、转化、留存流量至关重要。

可见，电商这个核心变量对中国的零售和消费行业的现状和未来产生了巨大的影响。我们在研究消费行业的时候，要特别小心"海外对标"的分析逻辑。这个逻辑在以制造业为主的某些行业中非常好用，但倘若用来分析消费行业，则经常会出现问题。

中国和西方国家的消费行业在许多问题上存在差异。这一方面使我们无法完全借鉴国外的发展经验，另一方面也造成了商家经营方法论上的不同。在国内经营和在海外经营需要两套不同的打法，不可生搬硬套。因此，我国本土商家在面对实力相当的海外商家时，往往拥有一定的竞争优势，这个优势就是接地气。国产品牌对于渠道的理解，对于国内互联网电商文化的理解，整体上胜于国外品牌。从长远来看，国产品牌通过对消费者理解的领先优势，不断推出更符合消费者喜好的广告和产品，将逐渐积累竞争优势，并实现对海外传统大牌的赶超。

8.3 再论马太效应：社交电商、熟人经济、推荐算法使电商马太效应降低了吗

坊间素来有这样一种说法："未来的电商是 C2C 的，是社交导向、熟人导向的，而每个人拥有不同的圈子和喜好。在这个趋势下，未来的电商会有分散的格局。"也有这样的一种说法："现在的电商是'人找货'，以后会通过算法推荐实现'货找人'，算法千人千面的匹配将会显著降低电商的集中化程度。"

但在现实中，我们发现这些说法都落空了，至少进展没有人们想象中的那么顺利。淘系平台转向信息流推荐之后，仍然由大商家主导；熟人电商发展势头一直比较一般；社交种草、直播带货主要还是肥了头部达人……这是为什么？

其一，电商平台转向信息流推荐并没有阻断马太效应形成的链条。推荐算法也会给头部商品较大的权重倾斜，使销量高的商品得到更多的曝光。从根源上看，推荐算法的优化目标是实现更精准的推荐，从而促进更多的转化和消费。但是一些长尾商品本身的数据就不充足，系统甚至不知道它们适合什么样的消费者，最后还是投放足、销量高的商品得到了更好的展示位。

其二，熟人经济很可能是一个伪命题。熟人之间互相推荐商品非常有效，但熟人关系可能不适合用来做电商。从熟人手上买东西，如果买贵了、买回来不好用，非常不好处理，买家向卖家索要退款或其他售后的过程很可能损害朋友关系。

其三，大多数直播带货实质上并非兴趣电商，而是折扣电商。红人点集数据显示，2021 年"双 11 大促"首日，淘宝前两位主播的合计带货额突破 100 亿元。能实现如此惊人的带货额，主要原因并非主播的讲解有多

么优秀，而是品牌给的折扣实在太低了。事实上，这两位主播在当晚约六小时的直播中，每个人都讲解了 400 件以上的商品，每件商品的讲解时间仅有 1 分钟左右。业内的普遍说法是，两位主播在"双 11"期间，要求品牌上架的每件商品都是大促期间的全网最低价。这类电商显然与"去中心化"没有任何关系。主播成交额越高能拿到的折扣越高，拿到的折扣越高成交额越高，这分明是另一个马太效应循环。

其四，社交种草的直接收益通常并不明显，中腰部达人生态不佳。在渠道调研中曾有业内人士说：某视频平台中腰部网红的广告恰饭⊖视频收费可能只有数千元。这样的广告数量不多，通常每个月不超过一条。用户会对过于频繁的广告产生反感，且如果广告没有新意，还可能起到反效果。在两个恰饭视频之间，达人还要插入至少一条纯内容视频，以保证粉丝数不会掉太多。这样的生态实在不太利于"视频种草"的发展。

因此，现在的电商环境仍然呈现头部集中的态势。在一定程度上实现了"去中心化"的其实是抖音，但这个"去中心化"一定程度上建立在平台设法使用推荐算法抑制中心化趋势的基础之上。

8.4 结语

第一，在电商平台上展示顺位靠前、成交额高，本身就足以产生极好的广告效果。因此未来商家有可能持续加大在电商平台上的投入，使得部分品类在电商平台的费用率高于线下渠道。未来电商渠道的费用率完全有可能比线下渠道更高。对于电商平台来说，其未来的广告货币化率仍有可观的提升空间，并带动平台利润持续提升。对于已经在电商平台上占据稳

⊖ 在我国西南地区的方言中，"吃饭"的"吃"发"qia"的音，在网络上被写作"恰"。"恰饭"多指为了生计而采取的一系列行为，比如在视频创作中植入商业推广信息。

固地位的头部商家而言，其领先地位本身就是良好的广告，他们将借此持续扩大品牌影响力，夯实品牌护城河。

　　第二，线上化是投资方向，难以线上化的消费也是投资方向。有的品类适合线上化，有的品类更适合线下渠道。重复消费、标准化的大众商品适合线上销售，如数码产品、服装等，它们的线上渗透率已经处于较高水平，且还在快速增长；而讲究消费即时性和体验感的商品，不适合通过电商渠道销售，比如生鲜、软饮、奢侈品等；还有些体验型消费如餐饮、旅游、按摩等，则几乎无法线上化。对于能够线上化的品类，我们可以投资线上渠道做得不错的品牌和商家；对于餐饮、旅游这类消费，继续押注线下消费的发展也是一个不错的选择。

| 第 9 章 |

未来消费品新机会

我们每一天的生活,和上一周、上个月可能都差不多,但如果和五年前、十年前相比呢?消费的变化,消费的投资机会,很可能在潜移默化之中悄悄到来。本章我们对未来的消费市场做一个展望,看看未来有可能在什么地方出现新的消费品投资机会。本章给出三个在未来有可能诞生新消费机会的方向,9.1 节介绍新消费主张带来的消费品品牌崛起的机会,9.2 节介绍新消费习惯带来的行业性机会,9.3 节介绍新技术带来的消费机会。

9.1 新消费主张带来新品牌崛起

我们通常把 1995～2010 年出生的一代人称为"Z 世代"。"Z 世代"的生长环境和老一辈非常不一样,因此具备不一样的消费主张。消费主张决定消费品位，能够抓住这些新主张的品牌和商家，将会迎来发展的机会。"Z世代"有着什么样的思想、诉求和主张呢？

"Z世代"是注重个体、追求悦己的一代。他们在衣食无忧的优渥环境中成长起来，在日常生活中愿意花更大的力气去追求品质之上的东西。这个特征在日本、美国的消费历史中体现得尤为显著，在二战结束、经济恢复后出生的一代人主导了20世纪80年代的消费市场，他们更注重个性化、品质、品牌。美国的这群人被称为"雅皮士"，日本的这群人被称为"水晶一代"。我国的"Z世代"是在改革开放、经济发展之后成长起来的，大多为独生子女，其消费观也更强调个性化。

"Z世代"是在互联网环境下成长起来的一代，被称为"互联网原住民"，更加习惯于在互联网上获取信息，并通过互联网进行社交活动。因此，社交平台的风向可以对"Z世代"的消费决策产生较大影响，大家近些年来看到的各种"网红××"（如网红景点），就是这一现象的产物。互联网使得人们之间的相互沟通变得更加方便，也发展出了各种各样的圈层文化，包括"饭圈文化""二次元文化"等，这些圈层文化会影响人们的消费决策。"Z世代"用户更加愿意为了自己的人设、所属圈层甚至是消费主张而掏钱。

"Z世代"是在文化自信下成长起来的一代。在其成长过程中，我国已经成为世界第二大经济体，国力强盛，"Z世代"对祖国的自信和自豪感深入骨髓。他们喜欢传统文化、国潮元素、红色经典，就连常年来难以盈利的红色影片，近几年也能拿到较高的票房。文化自信将是新时代国内消费行业的主流文化思想。

品牌是一个符号，其中包含了各种各样的文化内核。消费者选择一个品牌，往往表明其认同这个品牌的核心价值观。品牌要想获得成长，必须符合时代背景下主流消费者的文化内核。为何欧美的品牌那么喜欢宣传自己为环保做出的贡献？一方面，这是作为大企业的社会责任；另一方面，这样做能吸引更多认同环保价值观的消费者。消费主张决定品牌发展方向，未来的品牌投资机会一定出自那些符合"Z世代"消费主张的品牌。

"Z世代"消费者对国潮的喜爱，对于国产品牌来说是千载难逢的机会。表9-1展示了2021年各个月份天猫上运动品牌的销售额排名。从中可见，李宁、安踏以及安踏旗下的FILA品牌，在整个天猫上的销售额排名呈现提升的趋势。传统上耐克和阿迪达斯是运动服饰行业的品牌前两名，但在2021年的大多数月份，销售额冠军宝座都掌控在国产品牌的手中。国潮崛起早已成为消费行业发展的大趋势，而2021年的各类国际事件（如新疆棉事件）加速了这个进程。

表 9-1 运动服饰品牌在天猫上的销售额排行

排名	1月	2月	3月	4月	5月	6月
1	阿迪达斯	阿迪达斯	李宁	李宁	李宁	FILA
2	FILA	耐克	阿迪达斯	安踏	安踏	耐克
3	耐克	李宁	耐克	FILA	FILA	李宁
4	李宁	FILA	FILA	阿迪达斯	耐克	阿迪达斯
5	彪马	安踏	安踏	耐克	阿迪达斯	安德玛
6	安踏	彪马	彪马	安德玛	安德玛	安踏
7	安德玛	MLB	安德玛	露露乐蒙	特步	迪桑特
8	特步	露露乐蒙	露露乐蒙	彪马	彪马	特步

排名	7月	8月	9月	10月	11月	12月
1	李宁	李宁	李宁	李宁	李宁	FILA
2	安踏	阿迪达斯	阿迪达斯	阿迪达斯	FILA	阿迪达斯
3	FILA	FILA	耐克	耐克	耐克	李宁
4	耐克	安踏	FILA	安踏	阿迪达斯	耐克

（续）

排名	7月	8月	9月	10月	11月	12月
5	阿迪达斯	耐克	安踏	FILA	安踏	安踏
6	鸿星尔克	安德玛	露露乐蒙	MLB	迪桑特	迪桑特
7	安德玛	鸿星尔克	安德玛	安德玛	彪马	彪马
8	迪卡侬	露露乐蒙	MLB	露露乐蒙	新百伦	新百伦

"Z世代"消费者对于生活方式的新主张也将带来新的品牌成长机会。比如健康食品、无糖饮料赛道，就是这样的机会。相比于担心吃不饱，"Z世代"消费者更担心吃太胖。体重焦虑、颜值焦虑萦绕在大多数消费者的脑海中，这将是食品饮料行业的重点发展方向，也将带来大量以无糖、健康为主题的消费品投资机会。主打无糖饮料的元气森林就迎来了快速增长，成立短短几年就完成了年收入数十亿元的创举。

互联网已经成为"Z世代"相互交流的主要场所。"现实中一言不发，网络上万字长文"是"Z世代"的交流常态，"买网友们真实体验后相互种草推荐的商品"是一个新的消费决策方式，我们将其称为"互联网主张"。显然，互联网运营能力将成为决定未来品牌分化趋势的关键变量，但要做好互联网运营并不容易。网上信息传播速度极快，好事火起来的速度很快，坏事发酵的速度也很快。火起来很容易：2021年我们见证了韩束因为解约劣迹艺人直播间而爆火，见证了鸿星尔克因为给灾区低调捐款的事迹而一夜脱销，也见证了某些国际品牌因为新疆棉事件处理不当而被消费者唾弃——品牌的互联网运营必须小心翼翼。火起来又很难，每一个热点背后都是成千上万条无人问津的信息，品牌商家想要获得消费者自发分享实现自然传播非常难。如何利用好互联网的传播效应，如何在电商平台上实现高效的引流，如何在网络平台上积累自己的良好口碑，都是品牌方在不断思考和摸索的事情。能否利用好互联网这个传播媒介，能否在电商平台上实现高效的经营,将是未来品牌竞争的胜负手。目前国产品牌在这一块整体占着上风,它们更接地气,更了解国内的互联网文化,对消费者新诉求的快反表现也更佳。

总之,未来消费品投资的第一个大方向就是顺着"Z世代"消费者的消费主张,寻找对应品牌标的的成长机会。关键在于对消费群体的了解,对品牌定位的把握,对网络风向和热点的洞察。比如国潮崛起对应着国产品牌的崛起;健康的生活方式带来了无糖饮料、健康食品等领域的投资机会;互联网传播对应互联网运营能力强的消费品品牌和新锐品牌的投资机会。

9.2 关注新消费习惯带来的需求增长

从长远来看,当人们的收入增长之后,消费结构将会发生改变。其中,食品等必需品的支出占比将会下降,而服务类消费的占比将会提升。美国居民的历史消费结构清晰地呈现了这样的趋势:在居民消费结构中,20世纪60年代的服务类消费占比不足50%,而在2020年前后已经提升近70%;而食品等消耗品的消费占比从20世纪60年代的约40%下降至2020年前后的20%。我们也可以从恩格尔系数的角度来理解,这可能是大家更为熟悉的一个指标,其代表着食物开支在居民总开支中所占比重。随着居民生活水平的不断提升,恩格尔系数将呈现不断下降的趋势,比如我国的城乡居民恩格尔系数从1978年的57.5%、67.7%下降至2020年的29.2%、32.7%。食品等刚需消耗品的占比下降,那什么的消费占比提升了?服务。未来,将会有越来越多的新消费习惯、新消费需求诞生。

从什么地方能够找到新消费习惯形成的机会?人们的根本诉求是一个

很好的出发点。比如对美的追求、对娱乐和刺激的需求、对陪伴和认同的渴望、对方便的需求、对新奇事物的好奇等。

爱美之心，人皆有之。对美的追求催生了医美、植发等行业的发展。如图 9-1 所示，2021 年中国医美市场规模约为 2274 亿元，同比增速约为 15.1%。医美行业正处于渗透率提升的阶段，如图 9-2 所示，我国医美市场的每千人诊疗次数相比成熟市场还有巨大的提升空间。医美、植发的逻辑非常相似，在口袋里可用于消费的金钱变多之后，人们愿意在"变美"上花费更多的金钱。这是一个循序渐进的过程，将在相关产业中催生大量的投资机会。

图 9-1　中国医美市场规模

资料来源：艾瑞咨询。

健康、多元的生活方式也是一个新消费习惯带来的潜在投资机会。随着人们对健康越来越看重，健身消费迎来高速发展。如超级猩猩（连锁健身品牌）、Keep（健身 App）都已完成多轮融资，估值均超 10 亿美元。2022 年北京冬奥会之后，滑雪主题消费能否迎来发展的机遇期？让我们拭目以待。

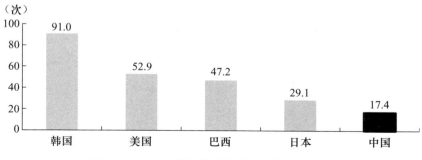

图 9-2　2020 年部分国家每千人医美诊疗次数

资料来源：弗若斯特沙利文。

文娱需求也是一个重要的发展方向。电影、电视剧、文艺创作、游戏等能够左右人们的喜怒哀乐，让人无法自拔。当大家的重心从生存转向生活，消费者势必在这些文娱产品上花费更多的时间、精力乃至金钱，近年来蓬勃发展的游戏产业即受益于此。相信在未来，消费者会把越来越多的时间及金钱消耗在文娱项目之上。目前国内许多优秀的电子游戏公司还没有登录 A 股市场，但已经成为盈利丰厚、高速成长的独角兽。

现实生活中的文娱项目也是未来重要的投资方向，旅游产业链的发展值得我们关注。根据文化和旅游部的数据（见图 9-3），2010～2019 年我国旅游行业的收入增速一直保持在 10% 之上，实现了长期的稳定增长。这与人们消费习惯的改变、将更多的钱花在服务类消费上的趋势息息相关。"Z 世代"学生群体假期旅游意愿增强，20 世纪 60 年代"婴儿潮"一代退休后的旅游需求释放，都有望带动旅游需求，而这将进一步带动餐饮、酒旅、航空乃至旅游纪念品生产的相关需求。

盲盒为何能够大热？主要是抓住了人们的好奇心、收藏欲，以及通过"隐藏款"达到网络自然传播的目的。盲盒中的小雕像是精心设计、做工精致的产品，一个系列会有多个款式，但打开之前消费者不知道里面是什么。在好奇心方面，不打开之前不知道里面是什么与"隐藏款"的存在不断促使消费者"再买一个"。有了一个系列的几个款式之后，收藏欲又迫使消费者打开更多的盲盒。各种潮玩社区中的盲盒讨论组，也是"盲盒热"的一个推手。新产品、新系列能够在论坛上广泛传播，而在论坛上秀出自己的成套收藏品能够抓住无数眼球。可以说盲盒是被"创造"出来的需求，而盲盒消费的大热，其实反映的是消费者（尤其是"Z世代"消费者）在文娱方面已经具备了较高的消费能力和消费意愿。未来，文娱方面的投资机会将会是消费领域的一个重点。

图 9-3　全国旅游收入和增速

资料来源：文化和旅游部，国家统计局。

懒人经济将是未来的重点方向。懒是刻在人类基因中的一种本能，在没有必须要做的事情时，人们会倾向于待在原地不动，在上古时期这有利于节省体能，也有利于防范风险。在现代社会，人们依然热衷于"躺平"，这的确是最舒服的状态。相信那些帮助我们省事的消费项目，会在未来得到持续发展。

懒人经济可以从两个维度考虑。第一是器具，即帮我们省事的商品，这主要是一些家电。洗碗机、洗菜机可以帮助我们免除洗碗、洗菜的烦恼；烘干机可以帮助我们免除晾晒衣服的烦恼；扫地机器人可以免除我们打扫卫生的烦恼……这类消费品目前的总体渗透率不高，但未来有望随着消费者"懒"的传播而被发扬光大。第二是让人们"懒"的服务。可以预见，在不久的将来，随着越来越多的消费者不愿意自己做饭，餐饮业、外卖业将有望持续增长。而跑腿相关的服务也能够帮助我们节省大量的时间与精力，比如闪送、买药等业务。这些服务类消费未来将有较大的成长空间。

新消费需求往往在大家的生活中潜移默化地生成，其发展很多时候具备长期的趋势性，而不会像技术突破那样猛烈。这样的匀速持续增长，恰恰是最适合价值投资者长期发挥的领域——不但要发现这些投资机会，也要拿得住持续上涨的股票。

9.3　新技术的突破

增长最迅猛的一类消费品投资机会基于技术突破，更好地满足了人们的一些固有需求。这类技术突破直接体现为消费品渗透率的直接提升，比如电池技术的量变引发质变带来了电动车的普及，移动互联网带宽的提升带来了短视频和直播电商等。

通常来说，处于实验室阶段的新技术，量产推向市场并不能做到规模经济。在技术改善、制造成本下降之后，新技术才开始被投向市场。随着营销宣传和消费者教育的不断进行，需求被不断打开。对于拥有新技术的企业而言，此时往往是销量提升摊薄固定成本、企业扭亏为盈的重要节点，也是企业利润增长最快的时期。

技术突破带来的投资机会往往来势迅猛，投资者往往会因为错过了新科技龙头企业的成长机会而捶胸顿足。但从另一个角度看，追逐新技术的投资往往也伴随着高风险。在少数几个成功案例的背后，在被大家遗忘的角落，有很多失败的案例，有的是因为技术不成立，有的是因为被竞争对手抢占了市场份额。只有那些对行业理解远超他人的少部分人，才有赚取确定性收益的能力。而大多数自身无明显信息优势、技术背景不深的投资者，在参与这类机会时，应该三思而后行。

| 第 10 章 |

典型消费品企业财报分析

本章我们将直接进行实战,笔者将从分析师的视角,带大家阅览"三好学生"企业的财报。消费品企业可分为品牌、渠道、供应链三大类,每一类的财报分析侧重点都有不同。本章选取贵州茅台、京东集团、申洲国际作为品牌、渠道、供应链企业的例子,教大家如何快速读懂消费品企业的财报。让我们一起体验商业世界投资分析的美妙之处吧!

10.1 贵州茅台财报分析

2022 年初,贵州茅台可谓是 A 股中知名度最高、市值最大的上市公司。在看具体经营数字之前,大家可以先看看管理层是如何评价公司最近一年的经营情况的:

2020年，极不平凡、极不容易，面对前所未有的新冠肺炎疫情和艰巨繁重的改革发展任务，公司坚持以习近平新时代中国特色社会主义思想为指导，认真贯彻落实省委、省政府决策部署，围绕"计划不变、任务不减、指标不调、收入不降"工作目标，感恩奋进、砥砺前行、笃定实干，在逆境中超额完成年度主要目标任务，取得了令人欣喜的成绩，奠定了"十四五"发展的坚实基础。

可见，公司管理层对公司在疫情中的整体表现还是比较满意的。这为接下来的报表分析定下了一个基调。表10-1、表10-2、表10-3分别为贵州茅台2020年的合并资产负债表、合并利润表、合并现金流量表。

表10-1 贵州茅台合并资产负债表（节选）

项目	2020年（万元）	2019年（万元）	同比变动（%）
流动资产：			
货币资金★	3 609 109.01	1 325 181.72	172
应收票据及应收账款★	153 272.90	146 300.06	5
预付款项	89 843.63	154 947.73	−42
存货★	2 886 908.77	2 528 492.08	14
其他流动资产	11 826 081.19	11 747 525.61	1
流动资产合计	18 565 215.50	15 902 447.20	17
非流动资产：			
发放贷款及垫款	295 303.68	4 875.00	5 958
固定资产（合计）	1 622 508.28	1 514 418.27	7
在建工程（合计）	244 744.48	251 893.83	−3
无形资产	481 717.10	472 802.73	2
其他非流动资产	130 092.02	157 800.17	−18
非流动资产合计	2 774 365.56	2 401 790.00	16
资产总计	21 339 581.05	18 304 237.20	17
流动负债：			
应付票据及应付账款★	134 226.77	151 367.66	−11

（续）

项目	2020年（万元）	2019年（万元）	同比变动（%）
预收款项/合同负债★	1 332 154.91	1 374 032.97	-3
其他流动负债	3 100 985.31	2 583 929.29	20
流动负债合计	4 567 366.99	4 109 329.92	11
非流动负债：			
非流动负债合计	145.75	7 269.26	-98
负债合计	4 567 512.74	4 116 599.18	11
所有者权益（或股东权益）：			
归属于母公司所有者权益合计	16 132 273.51	13 601 034.99	19
少数股东权益	639 794.80	586 603.04	9
所有者权益合计	16 772 068.31	14 187 638.02	18
负债和所有者权益总计	21 339 581.05	18 304 237.20	17

注：标★为重要科目。

资料来源：贵州茅台年度报告，有删减或合并。

表10-2 贵州茅台合并利润表（节选）

项目	2020年（万元）	2019年（万元）	同比变动（%）
一、营业总收入	9 799 324.05	8 885 433.75	10.3
其中：营业收入★	9 491 538.09	8 542 957.35	11.1
利息收入	307 785.96	342 447.16	-10.1
手续费及佣金收入		29.25	
二、营业总成本	3 137 650.24	2 981 225.30	5.2
其中：营业成本★	815 400.15	743 001.39	9.7
利息支出	11 112.85	14 575.28	-23.8
手续费及佣金支出	10.59	7.32	44.7
税金及附加	1 388 651.73	1 273 329.24	9.1
销售费用★	254 774.57	327 899.10	-22.3
管理费用★	678 984.43	616 798.28	10.1

(续)

项目	2020年（万元）	2019年（万元）	同比变动（%）
研发费用	5 039.80	4 868.88	3.5
财务费用	−23 461.06	745.80	
其中：利息收入	27 869.77	2 066.72	1 248.5
加：其他收益	1 313.82	1 876.89	−30.0
投资收益	30.56		
公允价值变动收益	489.80	−1 401.85	
信用减值损失	−7 137.18	−531.35	
资产处置收益		−3.21	
三、营业利润★	6 663 507.99	5 904 148.93	12.9
加：营业外收入	1 105.11	945.45	16.9
减：营业外支出	44 918.90	26 839.19	67.4
四、利润总额	6 619 694.20	5 878 255.18	12.6
减：所得税费用	1 667 361.21	1 481 255.10	12.6
五、净利润（净亏损以"−"填列）★	4 952 332.99	4 397 000.08	12.6
归属于母公司所有者的净利润★	4 669 728.54	4 120 647.10	13.3
少数股东损益	282 604.45	276 352.98	2.3

注：标★为重要科目。

资料来源：贵州茅台年度报告，有删减或合并。

表 10-3　贵州茅台合并现金流量表（节选）

项目	2020年（万元）	2019年（万元）	同比变动（%）
经营活动产生的现金流量净额★	5 166 906.87	4 521 061.26	14.3
投资活动产生的现金流量净额★	−180 522.72	−316 568.57	43.0
筹资活动产生的现金流量净额★	−2 412 753.69	−1 928 440.28	−25.1

注：标★为重要科目。

资料来源：贵州茅台年度报告，有删减或合并。

从贵州茅台的三张表中可以看到优质消费品品牌公司的特点：①现金流好。经营活动净现金流量常年高于净利润，盈利质量高，且无须进行太多的固定资产投资，具备极强的现金流持续造血能力。②几乎没有有息负债。品牌公司本身现金流就好，也不需要持续投资于设备或研发，所以一般无须借债。③净资产数字很小。事实上品牌公司持续创造利润的核心资产是品牌认知、品牌力，而这些不会被计入报表，此外分红、回购等行为也会降低报表中的净资产数字。

当然，报表上的数字非常不直观，也不利于我们进行投资分析。对于利润表，通常的处理方式是：营业收入、归母净利润看同比增速，其他项目看比率。算出同比增速和比率之后，我们就能方便地进行纵向（历史）比较与横向（同业）比较。表10-4是贵州茅台简化过后的利润表核心指标，从中我们可以很容易得到一些发现。

表10-4 贵州茅台利润表核心指标

项目	2016年	2017年	2018年	2019年	2020年
营业收入（亿元）	388.62	582.18	736.39	854.30	949.15
营业收入YoY（%）	19.0	49.8	26.5	16.0	11.1
归母净利润（亿元）	167.18	270.79	352.04	412.06	466.97
归母净利润YoY（%）	7.8	62.0	30.0	17.1	13.3
毛利率（%）	91.23	89.80	91.14	91.30	91.41
营业利润率（%）	60.43	63.77	66.51	66.45	68.00
净利率（%）	46.14	49.82	51.37	51.47	52.18
销售费用率（%）	4.33	5.13	3.49	3.84	2.68
管理费用率（%）	10.77	8.11	7.23	7.22	7.15
研发费用率（%）	0.00	0.00	0.03	0.06	0.05
财务费用率（%）	−0.09	−0.10	0.00	0.01	−0.25

资料来源：Wind。

第一，贵州茅台的毛利率极高。在销售实物商品的公司中，我们基本上很难见到这么高的毛利率。茅台酒的成本相较于其出厂价几乎不值一提，且终端零售价还在不断上涨，这反映了茅台作为白酒龙头的品牌力之强，也造就了高毛利率。2020年贵州茅台的毛利率同比增长11.1%。2020年由于会计准则调整，运费从销售费用转移至营业成本，造成毛利率、销售费用率双双下降。同口径之下，2020年的毛利率提升幅度一定会比11.1%高得多。

第二，贵州茅台的净利率非常高，高毛利并不需要高费用来维持。这同样是实物商品公司中天花板级别的存在，作为家喻户晓的国民品牌，茅台酒不需要太多的广告投入就能够维持其溢价、知名度和品牌力，2020年的营销费用甚至有所下降。高毛利与低费用率造就了极高的净利率。

第三，贵州茅台的费用率在持续下降。贵州茅台的费用主要是销售费用和管理费用，几乎不产生研发费用和财务费用。2020年的销售费用率下降有一部分原因是前文提到过的会计准则调整；另一部分原因是，在产品热销的环境之下，贵州茅台确实不用打太多的广告。管理费用率下滑主要是因为管理费用的提升慢于营业收入的提升，这是规模效应的体现。随着未来贵州茅台的经营规模不断提升，其费用率或许还有下降的空间。

接下来我们拆分茅台的收入与成本结构。首先是产品线，由图10-1可见，贵州茅台的主营业务是酒类，除此之外没有别的行业经验。分产品看，有茅台酒和其他系列酒两个主要产品线。其中茅台酒是主要收入来源，毛利率远远高于其他系列酒。事实上，其他系列酒的销量与茅台酒基本上在同一量级，但产生的利润仅有后者的不到1/10。这主要源于产品价格带的差异：茅台酒包括飞天商标、年份酒等，是较为高端的产品；其他系列酒包括王子酒、迎宾酒等，是价格较为亲民的产品。因此，影响贵州茅台业绩的主要产品是茅台酒而非其他系列酒。

主营业务分行业情况						
分行业	营业收入	营业成本	毛利率（%）	营业收入比上年增减（%）	营业成本比上年增减（%）	毛利率比上年增减（%）
酒类	94,821,999,102.45	8,083,371,418.24	91.48	11.10	9.76	增加0.11个百分点
主营业务分产品情况						
分产品	营业收入	营业成本	毛利率（%）	营业收入比上年增减（%）	营业成本比上年增减（%）	毛利率比上年增减（%）
茅台酒	84,830,936,002.19	5,100,340,201.05	93.99	11.91	8.24	增加0.21个百分点
其他系列酒	9,991,063,100.26	2,983,031,217.49	70.14	4.70	12.45	减少2.06个百分点

图 10-1　贵州茅台主营业务分行业、分产品情况

资料来源：贵州茅台 2020 年年度报告。

接下来是量价拆分。跟踪茅台销量的一个重要的指标是基酒产量，这个指标通常会在"经营情况讨论与分析"中披露。所谓"基酒"指的是经重阳下沙、九次蒸煮、八次发酵、七次取酒等工序后，未经并坛、勾兑的原酒。理论上当年的基酒产量决定了 4～5 年后的成品酒产量。在不消耗老酒库存的情况下，通常每年出厂的成品茅台酒占 4～5 年前基酒产量的 80% 左右。因此，基酒产量是一个非常重要的数据，可作为判断未来茅台酒销量的依据。表 10-5 是历年基酒产量和茅台酒销量情况，从中我们很容易能发现基酒产量与未来成品酒销量之间的对应关系。2018～2020 年茅台酒基酒产量都约为 5 吨，这意味着在库存不变的前提下，2022～2025 年茅台酒的平均销量将会在 4 万吨上下。

表 10-5　茅台酒基酒产量与销量

项目	2015 年	2016 年	2017 年	2018 年	2019 年	2020 年
茅台酒基酒产量（吨）	32 178.55	39 312.53	42 828.59	49 671.69	49 922.71	50 235.17
基酒产量 YoY（%）	—	22.17	8.94	15.98	0.51	0.63
茅台酒销量（吨）	19 797.56	22 917.66	30 205.52	32 463.95	34 562.46	34 312.53
销量 YoY（%）	—	15.76	31.80	7.48	6.46	−0.72

资料来源：历年贵州茅台年度报告。

价格方面主要关注茅台酒的价格提升。提价是消费品公司提升收入、改善利润最直接的方式，也是最难的方式，大多数产品直接提价会引起消费者的抵触，但茅台厉害之处就在于强悍的涨价能力，这主要体现在茅台酒（而非其他系列酒）上。茅台酒过去两次提价发生在 2012 年和 2018 年前后，2018 年之后茅台酒的经销商调货价几乎已经翻倍，下一次提价何时到来是市场一直在关心的事。

最后我们看公司的营运数据（见表 10-6）。一系列营运指标反映出贵州茅台在企业中的强势地位。第一，几乎没有应收账款，而预售账款周转天数常年维持在 50 天以上，这意味着供应商要想拿到茅台的酒，要平均提前 50 天付钱预定。第二，应付账款有 60 天左右的周转，且 2017 年后基本保持稳定。这是一个很好的信号，意味着公司能够适度占用上游的资金，且现金流较为健康，可以按时支付相关款项。第三，存货周转天数保持在 3.25 年左右，一定程度上对应着基酒到成品酒的生产周期。对于大多数消费品品牌公司而言，存货周转越快，供应链效果越高，占用营运资金越少，反之则有滞销减值风险。而对于贵州茅台而言，存货不是一个需要担心的问题，因为茅台酒常常越放越值钱，且根本不愁卖。存货不足、供不应求，可能才是投资者更担心的问题。

表 10-6　贵州茅台营运指标

项目	2017 年	2018 年	2019 年	2020 年
存货周转天数（天）	1 293.1	1 257.4	1 181.9	1 195.6
应收账款周转天数（天）	0.0	0.0	0.0	0.0
预收款项周转天数（天）	100.2	69.4	58.4	52.0
应付账款周转天数（天）	61.6	59.9	65.2	63.0

注：2020 年预收款项改为合同负债。
资料来源：历年贵州茅台年度报告。

贵州茅台是优质品牌公司的典例，体现了品牌资产有如下优势：①通过定价能力保证较高、较稳定的利润率；②现金流充裕，不需要太多的再投资，也能占用一部分上下游账款，因此很少有负债；③存货较少或存货无减值风险；④需求量较为稳定，可通过渠道数据交叉验证，未来业绩的能见度和可预测性较强。

10.2　京东集团财报分析

京东集团可以说是我国最大的自营模式零售渠道，2020 年全年 GMV 突破 2.6 万亿元，年活跃用户数达到 4.72 亿人。表 10-7、表 10-8、表 10-9 分别为京东集团 2020 年的合并资产负债表、合并利润表、合并现金流量表。京东集团的报表基于美国 GAAP（通用会计准则）编制，和国内的准则有些许差异。

表 10-7　京东集团合并资产负债表（节选）

项目	2020 年（万元）	2019 年（万元）	同比变动（%）
资产：			
流动资产：			
货币资金★	8 608 485.70	3 697 142.00	132.8
短期投资★	6 057 711.00	2 460 277.70	146.2
应收账款★	711 194.70	619 058.80	14.9
预付供应商款项	376 793.30	59 313.00	535.3
存货★	5 893 251.90	5 793 215.60	1.7
其他流动资产	1 832 689.20	1 280 448.70	43.1
流动资产合计	23 480 125.80	13 909 455.80	68.8
非流动资产：			
物业、设备及软件	2 259 657.00	2 065 407.10	9.4
在建工程	790 640.60	580 630.80	36.2

（续）

项目	2020年（万元）	2019年（万元）	同比变动（%）
无形资产	646 288.80	411 003.40	57.2
土地使用权	1 112 491.30	1 089 174.20	2.1
商誉	1 090 440.90	664 366.90	64.1
股权投资	5 850 132.90	3 557 580.70	64.4
证券投资	3 908 515.00	2 141 710.40	82.5
其他非流动资产	3 090 487.10	1 553 041.10	99.0
非流动资产合计	18 748 653.60	12 062 914.60	55.4
资产总计	42 228 779.40	25 972 370.40	62.6
负债及股东权益：			
流动负债：			
应付账款★	10 681 842.50	9 042 838.20	18.1
预收款项	2 099 800.10	1 607 861.90	30.6
递延收入	341 731.30	332 659.40	2.7
应计费用及其他流动负债	4 278 292.30	3 018 342.60	41.7
流动负债合计	17 401 666.20	14 001 702.10	24.3
非流动负债：			
长期借款	293 620.50	313 929.00	-6.5
其他非流动负债	2 371 581.10	1 594 316.20	48.8
非流动负债合计	2 665 201.60	1 908 245.20	39.7
负债合计	20 066 867.80	15 909 947.30	26.1
权益：			
夹层权益	1 713 320.80	1 596 438.40	7.3
归母股东权益	18 754 329.50	8 185 597.00	129.1
少数股东权益	1 694 261.30	280 387.70	504.3
负债、夹层权益及权益总额	42 228 779.40	25 972 370.40	62.6

注：标★为重要科目。

资料来源：京东集团年度报告，有删减或合并。

表 10-8 京东集团合并利润表（节选）

项目	2020 年（万元）	2019 年（万元）	同比变动（%）
收入			
网上直销收入★	65 187 924.0	51 073 396.7	27.6
服务及其他收入★	9 392 264.6	6 615 451.7	42.0
总收入★	74 580 188.6	57 688 848.4	29.3
营业成本★	−63 669 355.1	−49 246 739.1	−29.3
履约开支★	−4 870 021.1	−3 696 804.1	−31.7
销售开支	−2 715 597.2	−2 223 404.5	−22.1
研发开支	−1 614 894.8	−1 461 867.7	−10.5
一般及行政开支	−640 913.1	−549 015.9	−16.7
出售开发物业收益	164 874.7	388 470.9	−57.6
经营利润★	1 234 282.0	899 488.0	37.2
其他收入			
权益法核算的投资损益★	429 145.3	−173 821.9	346.9
利息收入	275 336.0	178 557.2	54.2
利息支出	−112 518.1	−72 501.0	−55.2
其他净额	3 255 643.9	537 530.9	505.7
税前利润	5 081 889.1	1 369 253.2	271.1
所得税费用	−148 164.5	−180 244.0	17.8
净利润★	4 933 724.6	1 189 009.2	314.9
少数股东损益	−7 461.8	−29 716.3	74.9
夹层分类中的少数股东损益	664.1	310.0	114.2
归属普通股东净利润★	4 940 522.3	1 218 415.5	305.5

注：标★为重要科目。
资料来源：京东集团年度报告，有删减或合并。

表 10-9 京东集团合并现金流量表（节选）

项目	2020 年（万元）	2019 年（万元）	同比变动（%）
经营活动产生的现金流量净额★	4 254 431.7	2 478 122.0	71.7
投资活动产生的现金流量净额★	−5 781 058.8	−2 534 935.7	−128.1
筹资活动产生的现金流量净额★	7 107 159.5	257 246.7	2 662.8

注：标★为重要科目。

资料来源：京东集团年度报告，有删减或合并。

从京东集团的三表中我们可以发现，京东集团在资产上要比茅台重不少，ROA、利润率明显更低。此外京东集团的投资活动消耗的资金量远大于茅台，这是因为线下的物流履约体系建设需要大量的持续投入，这是京东集团为维持增长必须要做的事情。

我们简化京东集团的利润表，结果见表 10-10。此处使用了经调整的非 GAAP 利润，这个指标剔除了一些非现金损益项目（如股权支付费用、投资和商誉减值等），能够更好地反映公司核心业务的经营情况，也是资本市场中大多数投资者给京东集团估值时的重要参考指标。

表 10-10 京东集团利润表核心指标

项目	2016 年	2017 年	2018 年	2019 年	2020 年
收入（亿元）	2 601.22	3 623.32	4 620.20	5 768.88	7 458.02
收入 YoY（%）	43	39	28	25	29
非 GAAP 归母净利润（亿元）	20.68	49.68	34.60	107.50	168.28
非 GAAP 归母净利润 YoY（%）	343	140	−30	211	57
毛利率（%）	15.16	14.02	14.28	14.63	14.63
履约毛利率（%）	8.02	6.89	7.35	8.23	8.10

(续)

项目	2016	2017	2018	2019	2020
非GAAP归母净利率（%）	0.80	1.37	0.75	1.86	2.26
履约费用率（%）	7.14	7.14	6.93	6.41	6.53
销售费用率（%）	4.06	4.12	4.16	3.85	3.64
行政费用率（%）	1.79	1.16	1.12	0.95	0.86
研发费用率（%）	1.33	1.49	1.44	2.11	1.96

资料来源：京东集团年度报告。

在关注零售生意时，有经验的投资者会非常关注单位经济模型（即UE模型）。简单来说，零售生意就是把重复的东西以标准化的形式不断复制，比如线下渠道把门店在不同的地方复制，而京东不断配送一件又一件商品。线下零售想要盈利，被复制的门店模型要能够创造现金流，否则越开越亏；京东想要盈利，每出售一件商品，就要产生正的边际利润。在这个情形下，考量京东的毛利率是远远不够的，因为京东还要负责商品的履约。如何准确反映京东集团的边际盈利能力？我们要重点关注履约毛利率。

履约毛利率是京东等自己负责配送的自营渠道企业特有的指标，代表"完成履约之后能赚多少"，其计算方式是用毛利率减去履约费用率。从2017年开始，京东集团的履约毛利率就一直在稳步提升，这意味着公司的经营越来越健康，盈利能力越来越扎实，这最终使得京东集团的非GAAP利润率呈现上涨趋势。由于总体利润较薄，很小的利润率边际改善，就能带来很明显的利润额提升。

对于京东这样的自营电商而言，规模是非常重要的指标。一方面，电商是一个马太效应极强的赛道，规模本身就是重要的壁垒；另一方面，规模对于自营渠道商而言，不但能够摊薄固定成本，提高利润率，还能通过规模采购获取更低廉的进货价格，提高买卖价差。对于京东而言，规模体现在两个方面：一是平台上的成交额，即 GMV；二是平台上的用户数，即活跃用户数；三是用户的人均消费。表 10-11 是对这三个核心数据的统计，可见 GMV 的提升主要由活跃用户数的增长带来。2017～2018 年人均消费有小幅提升，除此之外都大体持平。

可见，通过人均消费实现持续增长是比较困难的，对于这类电商巨无霸企业而言，用户数的增长是更加重要的方向。京东目前的主要客户群体是高线城市的用户，为了打入下沉市场获取新用户，京东近年来大力开展京喜、京喜拼拼等新业务。而原有客户的人均消费和忠诚度，则主要依靠 Plus 会员等方式盘活。

表 10-11 京东集团核心经营数据

项目	2016 年	2017 年	2018 年	2019 年	2020 年
GMV（亿元）	9 392	12 945	16 769	20 854	26 125
GMV YoY（%）	59	38	30	24	25
年活跃用户（亿人）	2.27	2.93	3.05	3.62	4.72
年活跃用户 YoY（%）	46	29	4	19	30
人均消费（元）	1 148	1 239	1 513	1 594	1 580
人均消费 YoY（%）	-2	8	22	5	-1

资料来源：京东集团财务报告。

通过拆解京东的收入结构，可更直观地看清公司的业务结构（见表 10-12）。京东以"自营+第三方"的模式经营。在自营商城方面，电子产品和家用电器是公司的基本盘所在，在自营收入中占比过半。为了提升营业额和履约设施的利用率，近些年来京东大力推进日用百货产品的销售，推出了"京东京造"等自有品牌。第三方商城的收入部分体现在平台及广告服务收入中,其增速与商品收入增速相仿,因此我们可以大体断定京东的自营与第三方比例近些年来大致保持稳定。

表 10-12 京东集团收入构成

项目	2016 年	2017 年	2018 年	2019 年	2020 年
商品收入(亿元)	2 379.44	3 318.24	4 161.09	5 107.34	6 518.79
商品收入 YoY(%)	42	39	25	23	28
其中:电子产品及家用电器(亿元)	1 798.22	2 362.69	2 800.59	3 287.03	4 009.27
电子产品及家用电器 YoY(%)	34	31	19	17	22.0
日用百货(亿元)	581.22	955.56	1 360.50	1 820.31	2 509.52
日用百货 YoY(%)	74	64	42	34	37.9
服务收入(亿元)	203.46	305.07	459.11	661.55	939.23
服务收入 YoY(%)	55	50	50	44	42
其中:平台及广告服务(亿元)	170.74	253.91	335.32	426.80	534.73
平台及广告服务 YoY(%)	47	49	32	27	25
其中:物流及其他服务(亿元)	32.72	51.16	123.79	234.74	404.50
物流及其他服务 YoY(%)	115	56	142	90	72
总收入(亿元)	2 582.90	3 623.32	4 620.20	5 768.88	7 458.02
总收入 YoY(%)	42	40	28	25	29

资料来源:京东集团年报。

最后是京东集团的营运数据。其中的关键数据是存货周转天数,京东在采购时是大批量采购,因此要承担一定的存货风险。如果采购了卖不掉,就承担减值损失;如果商品脱销,就损失机会成本,影响收入和利润。存货周转天数一定程度上反映了京东集团的经营效率。由表 10-13 可知,经过多年的持续优化,京东集团的存货周转天数持续下降。应付周转天数稳定在 60 天左右，应付周转慢于存货周转，意味着京东集团已经可以占用一部分上游供应商的账期，这是一件好事。另外，由于京东集团是一个面向 C 端消费者的企业，应收账款不太多，2020 年的应收周转天数为 3 天左右。

表 10-13　京东集团核心营运指标

项目	2016 年	2017 年	2018 年	2019 年	2020 年
存货周转天数（天）	40.33	40.80	38.96	37.27	33.04
应收周转天数（天）	18.66	16.80	10.70	5.40	3.21
应付周转天数（天）	60.20	68.37	70.13	62.29	55.76

资料来源：京东集团财务报告。

京东集团是一个典型的自营渠道商，从京东集团的报表中我们可以窥见零售自营渠道业态的特征。零售生意是一项苦活累活，赚的是买卖价差扣除各项费用后剩余的微薄利润。这门生意涉及选品、进货、库存、交付、引流、转化，以及客服、售后等工作，一个环节出错，就有可能吃掉本就微薄的利润。总之，零售是一门经营杠杆很重的生意，边际上的微小差距即可造成利润上的鸿沟。零售也是一门壁垒很高的生意，能够管好庞大的经营体系，正是京东集团的核心竞争力所在。

10.3　申洲国际财报分析

申洲国际是"中国制造走向世界"的典型代表，是全球领先的一体化针织制造商。多年以来，申洲国际为耐克、阿迪达斯、彪马、优衣库等客户提供针织品产品，大家在以上四个品牌上购买的服装，很可能就是申洲国际生产的。申洲国际的三张报表见表 10-14、表 10-15、表 10-16。

表 10-14 申洲国际合并资产负债表（节选）

项目	2020年（万元）	2019年（万元）	同比变动（%）
资产：			
非流动资产：			
物业、厂房及设备	1 016 681.9	959 231.4	6.0
定期存款	141 000.0	10 000.0	1310.0
其他流动资产	172 109.2	166 830.6	3.2
总非流动资产	1 329 791.1	1 136 062.0	17.1
流动资产：			
存货★	481 143.4	528 240.5	−8.9
应收账款及应收票据★	416 760.2	364 881.0	14.2
定期存款	296 167.6	471 083.0	−37.1
货币资金★	822 706.0	506 089.6	62.6
其他金融资产	338 607.8	179 129.7	89.0
总流动资产	2 355 385.0	2 049 423.8	14.9
资产总计	3 685 176.1	3 185 485.8	15.7
负债及股东权益：			
流动负债：			
应付账款及应付票据★	105 983.6	88 094.4	20.3
合同负债	660.7	3 384.1	−80.5
应计负债及其他应付款项	139 114.8	117 972.5	17.9
短期借款★	621 042.9	319 216.4	94.6
其他流动负债	18 460.5	29 804.4	−38.1
总流动负债	885 262.5	558 471.8	58.5
非流动负债：			
长期借款★	39 787.4	77 641.4	−48.8
其他非流动负债	33 043.2	30 239.9	9.3
总非流动负债	72 830.6	107 881.3	−32.5

（续）

项目	2020年（万元）	2019年（万元）	同比变动（%）
股东权益：			
归母股东权益	2 727 606.0	2 517 245.0	8.4
少数股东权益	-523.0	1 887.7	-127.7
总权益	2 727 083.0	2 519 132.7	8.3
负债及所有者权益	3 685 176.1	3 185 485.8	15.7

注：标★为重要科目。

资料来源：申洲国际年度报告，有删减或合并。

表10-15 申洲国际合并利润表（节选）

项目	2020年（万元）	2019年（万元）	同比变动（%）
收入★	2 303 064.8	2 266 527.2	1.6
销售成本	-1 583 604.0	-1 578 925.1	-0.3
毛利★	719 460.8	687 602.1	4.6
其他收入及收益	74 694.7	73 052.4	2.2
销售及分销开支	-14 867.9	-37 983.6	60.9
行政开支★	-163 875.9	-155 061.4	-5.7
其他开支	-53 971.1	-2 099.0	-2 471.3
融资成本	-10 825.0	-8 917.8	-21.4
应占联营公司的利润	627.0	581.6	7.8
除税前利润	551 242.6	557 174.3	-1.1
所得税开支	-42 978.1	-61 320.7	29.9
年度利润★	508 264.5	495 853.6	2.5
以下人士应占权益：			
母公司拥有人★	510 673.6	509 520.6	0.2
非控制性权益	-2 409.1	-13 667.0	82.4

注：标★为重要科目。

资料来源：申洲国际年度报告，有删减或合并。

表 10-16 申洲国际合并现金流量表（节选）

项目	2020 年（万元）	2019 年（万元）	同比变动（%）
经营活动产生的现金流量净额★	575 457.0	560 436.0	2.7
投资活动产生的现金流量净额★	−255 717.8	−315 230.7	18.9
筹资活动产生的现金流量净额★	3 358.7	−98 815.6	103.4

注：标★为重要科目。

资料来源：申洲国际年度报告，有删减或合并。

申洲国际的三张表具备龙头供应商的特点。供应链企业的整体毛利率不高，但是可以通过费用的控制实现较高的净利润率。如表 10-17 所示，申洲国际 2020 年的净利润率达到了惊人的 22%。这一方面受益于公司与头部品牌保持着良好的关系，不愁订单，所以毛利率高且销售费用率低；另一方面，公司管理能力优秀，常年保持着业内较低的管理费用率。综合上述两点优势，申洲国际得以实现较高的净利润率。

表 11-17 申洲国际利润表核心指标

项目	2016 年	2017 年	2018 年	2019 年	2020 年
收入（亿元）	151.2	181.0	209.7	226.9	230.6
收入 YoY（%）	19.4	19.7	15.9	8.2	1.6
归母净利润（亿元）	29.5	37.6	45.4	51.0	51.1
归母净利润 YoY（%）	25.5	27.5	20.7	12.3	0.2
毛利率（%）	32.5	31.3	31.5	30.3	31.2
净利率（%）	19.5	20.8	21.7	22.5	22.1
销售费用率（%）	2.3	2.6	3.4	1.7	0.6
管理费用率（%）	7.3	6.8	6.9	6.8	7.1

资料来源：申洲国际历年年报。

申洲国际这类制造业公司的现金流特点是需要持续进行再投入。

2019 年、2020 年，公司投资活动净现金流为 –31.5 亿元和 –25.6 亿元，都超过了经营活动净现金流的一半。申洲国际服务的头部大品牌体系内有着严格的供应商层级体制，为了保证公司在供应链中的地位，申洲国际需要不断投资扩大产能、更新设备，以满足这些品牌商客户的订货需求。

对于申洲国际这样的供应链制造商而言，产能和产量是非常重要的跟踪指标。图 10-2 所示为 2016～2020 年面料和成衣的产量，在疫情的影响下，2020 年产量的增速是比较低的。

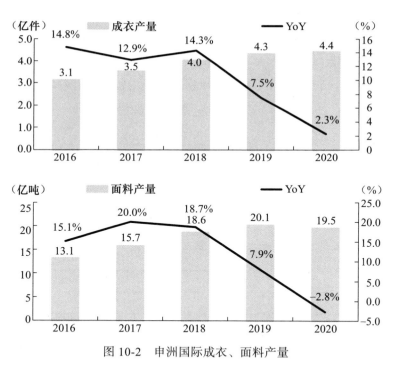

图 10-2　申洲国际成衣、面料产量

申洲国际的存货周转天数 2016～2020 年一直稳定在 120 天左右（见表 10-18），存货中在产品占比最高。2020 年底申洲国际的存货总额为 48.1

亿元，其中原材料 11.9 亿元、在产品 22.2 亿元、产成品 15.0 亿元、减值准备 1.0 亿元。公司的应收（账款周转天数）、应付账款周转天数都较为稳定，且应收账款周转明显慢于应付账款周转，这是供应链企业的常态，制造商的话语权相比下游的品牌商要弱许多。申洲国际的 ROE 多年来一直稳定在 20% 左右，这对于一个制造企业而言是非常高的。制造企业的壁垒在于规模化生产能力、研发能力、管理能力，而类似申洲国际这样通过扎实的能力绑定头部客户，并不断改进生产能力的制造商，也能够实现较高的 ROE。

表 10-18　申洲国际营运能力及 ROE 指标

项目	2016 年	2017 年	2018 年	2019 年	2020 年
存货周转天数（天）	122.5	118.6	122.0	119.9	114.7
应收账款周转天数（天）	55.5	54.4	54.8	57.3	61.1
应付账款周转天数（天）	25.4	23.7	21.2	19.3	22.1
ROE（%）	20.9	21.7	21.7	21.5	19.5

资料来源：申洲国际历年年报。

总的来说，申洲国际已经是我国做得最好的供应商之一了，稳定的订单、高效的生产、超群的费用控制和利润率、稳定的高 ROE，都是其能力的体现。供应商不是一门好做的生意，其在产业链中的地位一般不高，在溢价能力、应对涨价的成本转移能力等方面都不强，且很多时候还要垫资。但优秀的供应商一定能够在资本市场上熠熠生辉。

10.4　结语

贵州茅台——顶尖品牌商，京东集团——龙头渠道商，申洲国际——独一无二的供应链企业。这三个企业是品牌、渠道、供应链中教科书级别的存在。品牌的壁垒在于认知和溢价能力，贵州茅台的壁垒就在于顶尖的品牌力和极强的加价能力。渠道的壁垒在于网络效应、渠道效率、组织管理能力等，京东集团的核心竞争力在于自建物流带来的优秀履约体验和经营效率。供应链的壁垒在于规模化生产能力、管理能力、成本控制能力、研发能力等，申洲国际在这些方面都非常突出，也绑定了优质品牌客户，因此得以实现持续的业绩增长。